Edwin Schmitt

NEPAL

Meinen Eltern

Besonderer Dank gilt vielen Menschen in Nepal, die für mich immer mehr als eine »tragende« Rolle spielen werden sowie allen Gefährten, die mich auf zahlreichen Nepalreisen begleitet haben.

Bergverlag Rother

Inhalt

Vorhergehende Doppelseite: Der Pumori, 7161 m, einer der eindrucksvollsten Nachbarn des Mount Everest, fotografiert von der Lodgesiedlung Gorak Shep (Khumbu).

Ein Wasserbüffel weidet auf den abgeernteten Terrassenfeldern im Tal des Seti Nadi (Annapurna-Gebiet).

Terrassenfelder in Simigaon am Eingang des Rolwaling-Tales.

Auf einem Maisfeld bei Tumlingtar.

*Ein einzeln stehender Baum bei Khandbari in Ostnepal.
Im Hintergrund das hügelige Kulturland über dem Arun-Tal.*

Regenbogen und Gebetsfahnen (Syabru Tholu, Langtang-Region).

Folgende Doppelseite: Die Ortschaft Syabru Tholu, 2200 m, liegt auf einem markanten Höhenrücken am Eingang des Langtang-Tales. Im Hintergrund die Berge des Ganesh Himalaya. Rechts der markanten Einschartung erkennt man den Ganesh V, 6950 m, ganz rechts den Ganesh I, 7406 m.

Blick über das Kathmandu-Tal und die umliegenden Gebirgsgruppen. Im Vordergrund die Tempelstadt von Patan.

Ganesh Himalaya

Jannu (Kumbhakarna), 7710 m
Kangbachen, 7903 m
Yalung Kan

Shisha Pangma *Jugal Himalaya* *Gauri Shankar*

05 m
Hauptgipfel, 8586 m
Südgipfel, 8476 m
Kabru, 7353 m

Vorhergehende Doppelseite: eine weithin sichtbare Eismauer, die Kanchenjungagruppe von Südwesten. Der Kanchenjunga ist zwar »nur« der dritthöchste Berg der Erde, die schiere Masse seines Massivs wird aber weltweit nicht übertroffen.

Blick von Korchon (Mardi Himalaya) auf die Vorberge. Unter dem Nebelmeer liegt Pokhara.

Der heilige Berg Machhapuchhare, 6998 m, links unterhalb der Mardi, ein attraktives und von den Schwierigkeiten her moderates Gipfelziel. Die Aufnahme entstand oberhalb der Alm Korchon (Mardi Himalaya).

Blick vom Poon Hill auf die östlich gelegenen Vorberge (Annapurna-Region). In Bildmitte am Horizont der Himalchuli, 7893 m, ganz links über dem begrünten Rücken der Gipfel des Lamjung, 6931 m.

Die Strukturen in der Südwand des Tsoboje, 6689 m, wirken filigran. Ein Mensch wäre in dem Wirrwarr der »Eiskanäle« jedoch nur als kleiner unbedeutender Punkt auszumachen (Rolwaling Himalaya).

Der Tramserku, 6608 m, Schaustück über Namche Bazar im Khumbu-Gebiet. Die lokalen Luftströmungen über diesem Berg zaubern oft kaleidoskopartige Wolkenschauspiele hervor.

Der Zufluss zum Gokyo-See liegt noch im Schatten, das Wasser reflektiert aber bereits das warme Licht der umliegenden, in der Morgensonne leuchtenden Weidehänge (Khumbu).

Reiter am Ufer des Gokyo-Sees.

Folgende Doppelseite: Mount Everest, 8850 m, und Nuptse, 7881 m, fotografiert an einem stimmungsvollen Abend auf dem Gipfel des Kala Pattar.

Prolog

Eine subjektive Betrachtung

Eine Fassade im Zentrum von Bhaktapur im Kathmandu-Tal.

Im Tempelbereich von Swayambhunath (Kathmandu). Das Kind im Fenster blickt auf das bunte Treiben rings um den Stupa.

Es ist schon eine sehr schwierige Aufgabe, einen einzelnen Menschen authentisch zu beschreiben. Noch schwieriger ist es jedoch, der Bevölkerung von einem ganzen Land gerecht zu werden, noch dazu, wenn in diesem Land einige Dutzend verschiedene ethnische Gruppen leben.

Nur gibt es ja einige Klischees, die man – untermauert durch eine Vielzahl von Reiseberichten und Reiseführern – aufzählen kann. Als Erstes muss man hier natürlich die fast schon sprichwörtliche Gastfreundschaft der Nepali anführen. Wer, der jemals das Land bereist hat, könnte hier mit gutem Gewissen pauschal widersprechen? Weiter hört und liest man immer wieder von den – trotz teilweise sehr großer Armut – stets entspannten und zufriedenen Gesichtern der Nepali, während wir »Westler« mit finsterer und stressgezeichneter Miene geschäftig durch unsere Großstädte hetzen.

Ist der Eindruck ungebrochener Selbstzufriedenheit und innerer Ruhe real, oder liegt es nur daran, dass wir die Sorgenfalten über den glücklichen Augen durch unsere rosa Urlaubsbrille übersehen (wollen)?

Auch gelten die Nepali als sehr friedliebendes Volk, in dem unterschiedlichste Ethnien harmonisch und tolerant auf engstem Raum zusammenleben. Zweiundzwanzig Millionen Ghandis, die dank ihrer – bei uns häufig allzu sehr verklärten – Religionen dem Zustand unendlicher Glückseligkeit zustreben?

Ein Bild, das vor einiger Zeit, angesichts der militanten Auseinandersetzungen zwischen den revolutionären Kräften – den sogenannten »Maobadi« – und der königstreuen Regierung die ersten blutigen Schrammen bekam. Heute sind die Kämpfe eingestellt und die Monarchie ist quasi abgeschafft. Im April 2008 wurde vom Volk eine verfassungsgebende Versammlung gewählt bei der die »Maobadi« eine deutliche Mehrheit erzielten. Die Nepali hoffen nun mit Zuversicht auf eine bessere und friedlichere Zukunft. Die Blutopfer der Revolution bleiben dabei aber eine traurige Tatsache, die uns Reisende aus dem Westen – trotz vieler Millionen Leichen im eigenen Keller – ein wenig skeptisch stimmt.

Auch wenn Nepal nach wie vor eines der am sichersten zu bereisenden Entwicklungsländer ist und Touristen – auch während der Kämpfe – (körperlich) nicht zu Schaden kamen, wurde unser jahrelang gehegtes und gepflegtes Idealbild eines friedlichen Paradieses durch diese Ereignisse getrübt. Das gelobte »Shangri La«, das wir hier such(t)en, vielleicht doch nur die Kopf-

Ein aufmerksamer Zeitungsleser.

Zwei Männer mit der traditionellen nepalesischen Kopfbedeckung.

geburt eines westlichen Schriftstellers? Die Hoffnung, das aus unserer subjektiven Sicht idealisierte und so geliebte »alte Nepal« sozusagen in die Glasvitrine eines Völkerkundemuseums zu stellen und für unseren Freizeit-Reise-Egoismus zu bewahren, ist eine Illusion. Auch ohne die schädlichen Einflüsse des Tourismus wären die Menschen früher oder später aus ihrer vermeintlichen Isolation ausgebrochen.

Historisch gesehen waren die Menschen in diesem Vielvölkerstaat sowieso niemals isoliert. Auch Nepali interessierten sich seit jeher für den Planeten auf dem sie leben und waren Veränderungen zur Verbesserung ihrer Lebenslage genauso aufgeschlossen wie jedes andere Volk dieser Erde. Der Handel und Kulturaustausch dieser Region hat, wenn auch in kleinem Rahmen und auf beschwerlichen Wegen, eine Jahrtausende alte Tradition und lässt sich bis 500 v.Chr. nachweisen. Dabei hat die unzugängliche Lage zwischen den hohen Bergen des Himalaya und den Dschungelgebieten und Flüssen des Terai, die das Land heute im Süden nach Indien abgrenzen, eine intensivere Erschließung in der Neuzeit jedoch lange verzögert.

Ein weiterer Grund für die lange andauernde relative Unberührtheit Nepals mag das Fehlen von bedeutenden Bodenschätzen

Menschen auf dem Durbar Square in Patan.

Eine Seitenstraße in Bhaktapur, abseits der Touristen-Wege.

sein, wodurch das Land in der Vergangenheit als Kolonie für schatzsuchende Großmächte wohl weniger interessant erschien (von kosmetischen Landabtretungen – »Schutzgeldern« – zu Gunsten des englisch besetzten Indien einmal abgesehen).
Doch kommen wir zurück zu den Menschen, die heute hier leben. Zum traditionellen Völkergemisch drängen auch in unserer Zeit noch Menschen von außen in das Land. Von Süden kommen indische Siedler und Händler, die hier auf einen höheren Lebensstandard hoffen, von Norden ziehen immer noch tibetische Flüchtlinge über die Himalayapässe und bilden hier ganze Siedlungen, ja selbst aus dem östlich gelegenen Bhutan hat Nepal in der Vergangenheit eine erhebliche Anzahl Flüchtlinge aufgenommen.
Zu dieser enormen kulturellen Vielfalt des Landes gesellt sich – in Zeiten wo das Internet selbst in abgelegenen Bergdörfern Einzug gehalten hat – nun auch noch eine Vielzahl neuer (westlicher) Einflüsse. Seien es nun gute oder schlechte! Nepal erlebt eine Zeit des Umbruchs, in der das Moderne auf jahrhundertealte, bewährte und vielfältigste Traditionen trifft. Ein dramatischer Wertewandel, oder besser ein »Wertekonglomerat« mit allen damit verbundenen Schwierigkeiten, ist die Folge.
Vielleicht hilft den Nepali eine wesentliche

Straßenszene in Thamel, die Aufnahme entstand 1985, mittlerweile sieht es in Thamel meist etwas gepflegter aus.

Mach mal Pause ... Touristenlokal über den Straßen von Bhaktapur.

gemeinsame Grundlehre der beiden großen Landesreligionen, diese Wertekrise zu meistern oder zumindest zu ertragen: Nichts ist beständig, alles verändert sich. Hoffentlich zum Guten!

Was die oben genannten Klischees angeht, so sind diese natürlich alle wahr, so wahr wie etwa: dass alle Italiener gerne Nudeln essen, alle Deutschen Sauerkraut mögen, die Amerikaner sich ausschließlich von Hamburgern ernähren und Engländer erst gar nicht kochen können!

Begegnen wir also den fraglos sehr offenherzigen Nepali mit dem großen Respekt, der ihnen zusteht, aber hüten wir uns davor, sie zu kategorisieren, sondern gestehen wir auch ihnen alle unterschiedlichen menschlichen Eigenschaften und Bedürfnisse zu, die auch wir für uns selbst beanspruchen. Auch wenn sie einem anderen Kulturkreis angehören, so leben sie doch nicht (mehr) auf einem anderen Stern.

Wenn wir den Menschen Nepals unvoreingenommen und offen begegnen, können auch wir eine ganze Menge von Ihnen lernen und vielleicht können sie uns ja doch noch helfen, das »Shangri La« zu finden, indem sie auch unseren Kulturkreis ein wenig indoktrinieren. Wir müssen nur die richtigen Fragen stellen und an der richtigen Stelle suchen, nämlich in uns selbst.

Ein Bauer aus dem Helambu.

Ein Junge – zwei Gesichter (Jagat, Tamba-Kosi-Tal).

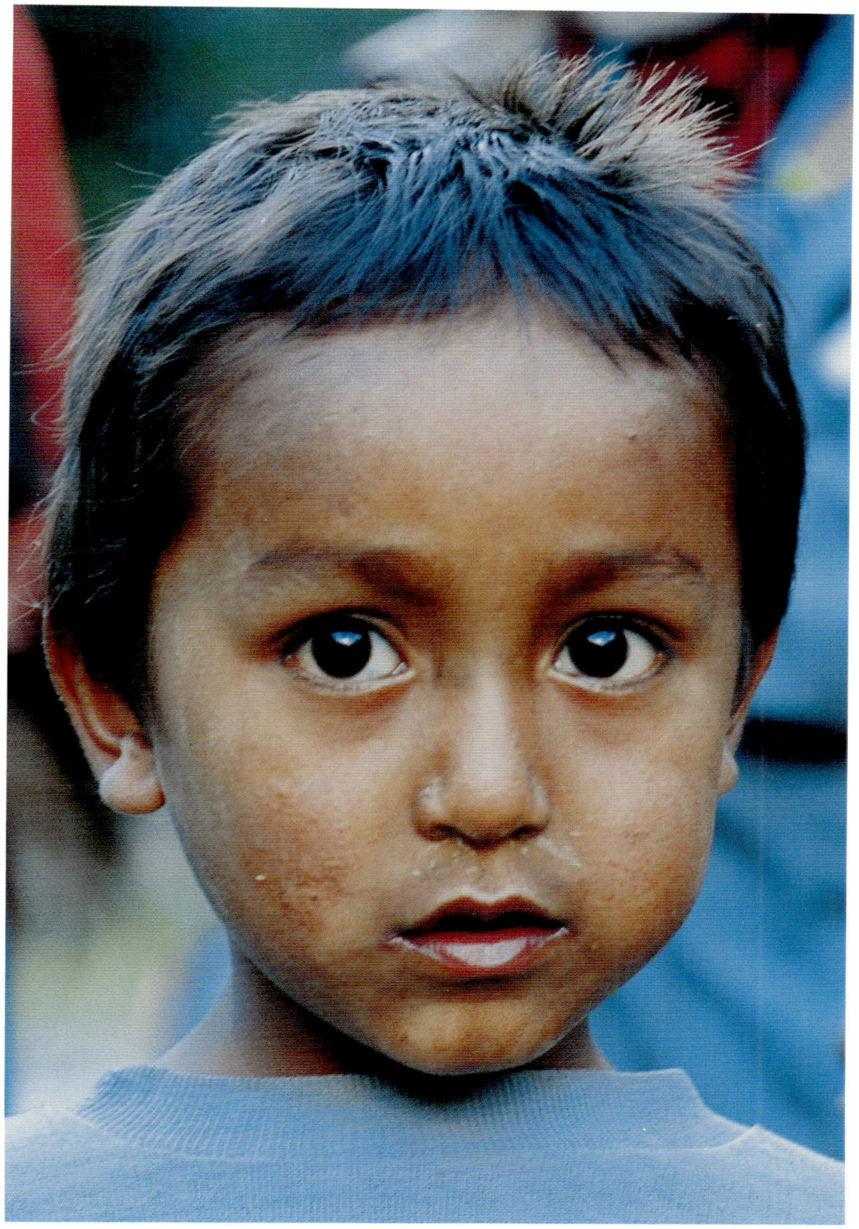

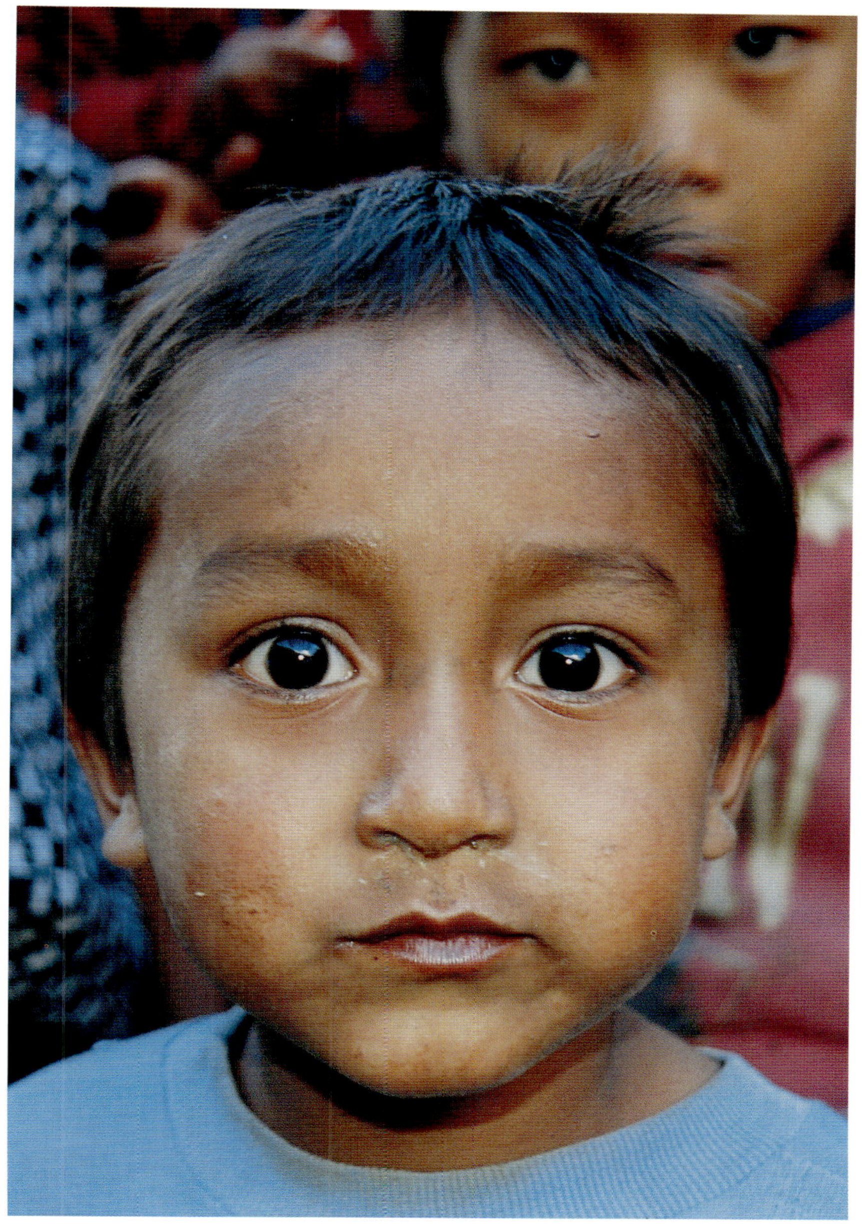

Novizen beim Lernen und Rezitieren im Klosterhof von Marpha (Annapurna-Region).

Kommunikation auf der Straße (Kathmandu-Tal).

Kathmandu

Schmelztiegel der Kulturen

Blick vom Hügel des Swayambhunath über die Häuser von Kathmandu. Die bewaldeten Berge im Hintergrund gehören zum Mahabharat-Gebirge. Die Aufnahme stammt von 1984, heute ist die Stadt endgültig am Fuß des Swayambhunath angekommen und viele der im Bild sichtbaren Grünflächen sind nun verbaut.

Tauben am Durbar Square in Kantipur (Kathmandu).

Kathmandu, die Hauptstadt Nepals mit etwa 900.000 Einwohnern (ganz genau weiß das aber eigentlich keiner), ist für viele nicht nur Ausgangspunkt für eine Trekkingreise, sondern auch ein ganz eigenständiges Ziel. Zahlreiche Touristen kommen überhaupt nur wegen dieser Stadt, für sie sind die Bergketten, die das Tal einrahmen, nur eine wunderschöne Kulisse. Der Reichtum an Kulturschätzen und Sehenswürdigkeiten in der Hauptstadt und im gut erschlossenen Kathmandu-Tal ist fast unerschöpflich und dabei ungeheuer facettenreich. Die Stadt und ihr näheres Umfeld repräsentieren zwei der größten Kulturkreise, die Asien hervorgebracht hat, auf engstem Raum. Wir erleben hier die Welt der Hindus und die der Buddhisten, wir erleben aber auch, dass diese Welten hier kaum voneinander zu trennen sind. Und, was das Wichtigste dabei ist, wir erleben diese Welten nicht als historisches Kulturgut – wie etwa die Pyramiden in Ägypten – sondern als etwas ungeheuer Lebendiges und Wahrhaftiges. Diese Kulturen pulsieren und atmen hier, bieten ein quirliges und authentisches Geschehen, das selbst die stets gegenwärtigen Touristen mit ihren Fotoapparaten nicht stören können.

Auch sehr naturverbundene Trekker oder gipfelfixierte Bergsteiger können sich der Faszination, die diese Stadt ausstrahlt, nicht vollkommen entziehen. Man betritt hier eine fremdartige und für Europäer etwas gewöhnungsbedürftige Welt Eine Welt, in der nicht nur zwei große Kulturen, sondern auch das Mittelalter und die Neuzeit zusammentreffen.

Wer allerdings schon einmal hier war und nach einiger Zeit wiederkehrt, bemerkt oft bei sich selbst ein ganz vertrautes Gefühl, fast so wie bei einer Heimkehr. Eine Heimkehr in eine fremde Kultur? Oder liegt es ganz einfach nur an ihrem Geruch?

Ja, diese Stadt hat – genauso wie das ganze Land – ihre ganz eigenen Gerüche. Gerüche, die man selbst nach langer Zeit der Abwesenheit wieder erkennt und die auch die dicke Dunstglocke der Autoabgase nicht vollkommen übertünchen kann.

Reis wird auf der Straße zum Trocknen ausgebreitet, die Frau trennt hier die »Spreu vom Reis« (Bhaktapur, Kathmandu-Tal).

Autos und Abgase, das sind die zwei Stichworte, die uns leider auch an den kleinen Makel dieser grandiosen Kulturstadt erinnern. Man darf es einfach nicht verschweigen: Der Verkehr in den Hauptstraßen von Kathmandu ist schlichtweg Anarchie.

Irgendwie scheint er nur durch die defensive Regellosigkeit der im Allgemeinen friedliebenden Nepali zu funktionieren. Europäer – auch Großstadtmenschen – lernen in der ersten Eingewöhnungszeit die Anatomie ihres Nervenkostüms meist sehr genau kennen.

Selbst Kulturfetischisten lassen daher auch mal die eine oder andere Sehenswürdigkeit aus und flüchten in die kleinen, grünen und vor allem stillen Oasen, die das Touristenviertel Thamel in Form von kleinen gemütlichen Gartencafés bietet. Hier schöpft man dann wieder neuen Mut für neue Taten. Hier bleibt man auch unbehelligt von den mitunter recht aufdringlichen Straßenhändlern und ihren Angeboten. Man muss sich nicht mit Holzflöten, Plastikbuddhas, Trekking-Vermittlungen, Halsketten, Gurkha-Messern, Tiger-Balsam und »Haschiiisch« auseinandersetzen, sondern trinkt ganz gemütlich einen Tee oder Kaffee.

Die Stadt Kathmandu kann man lieben oder hassen, eines ist aber gewiss, vergessen wird man sie nie!

Obst- und Gemüsehändler breiten ihre Waren häufig auf Plastikplanen auf dem Boden aus, um sie feilzubieten (Kathmandu-Tal).

Die großen Religionen

Hinduismus – Buddhismus

Buddhisten umkreisen den Swayambhunath-Stupa in Kathmandu und betätigen dabei die ringsum angebrachten Gebetsmühlen.

Die Augen Buddhas im Zentrum des Swayambhunath-Stupas blicken symbolisch in alle vier Himmelsrichtungen.
In unmittelbarer Nähe des Stupas befindet sich ein kleiner Hindutempel (rechts im Vordergrund). Die gegenseitige Toleranz dieser beiden Religionen scheint hier nicht nur verbal grenzenlos zu sein.

Offiziell besteht die Bevölkerung Nepals aus etwa 80 % Hindus und ungefähr 12 % Buddhisten. Der Rest sind Moslems und Vertreter anderer Glaubensrichtungen.
Tatsächlich lassen sich die Zahlen aber nicht genau ermitteln. Hätte nicht die vom hinduistischen Königshaus beeinflusste Regierung, sondern ein Ethnologe diese Statistik »gefälscht«, sähe das Verhältnis mit etwa 50 % »echten« Hindus wieder etwas anders aus. In Nepal ist der Übergang zwischen den Hauptreligionen dermaßen fließend, dass solche Zahlenspiele schnell ihren Sinn verlieren. Große Teile der Bevölkerung bekennen sich zu einem buddhistisch geprägten Hinduismus bzw. zu einem hinduistisch geprägten Buddhismus. Hinzu kommen noch lokale Einflüsse des Schamanentums und der alten Bön-Religion.
Vernetzt werden die unterschiedlichen Glaubensrichtungen durch das Kastensystem, in dem in Nepal nicht nur Hindus, sondern auch die buddhistischen Anteile der Bevölkerung integriert sind. Nach dem Gesetz wurde das Kastensystem in Nepal zwar abgeschafft, im religiösen Bewusstsein der Menschen ist es aber noch fest verwurzelt.
In Wahrheit existieren in Nepal aber eigentlich fünf unterschiedliche Kastensysteme. Die differierenden Ordnungen dieser fünf Systeme erklären sich durch die unterschiedliche Sichtweise verschiedener ethnischer Hauptgruppen.
Völkerkundler gaben 1991 für Nepal noch 70 verschiedene ethnische Gruppen an. Im Jahr 2001 wurden bereits 103 ethnische Gruppen unterschieden. Dies mag die Komplexität des Themas etwas verdeutlichen.
Das Fehlen einer »reglementierenden Institution« – wie etwa die starre Ordnung der Kirche im Christentum oder im Islam – und die große Toleranz des Buddhismus und Hinduismus im Umgang mit Glaubensfragen, unterwerfen diese Religionen steten Veränderungen, Vermischungen und unterschiedlichen Interpretationen.
Das Vorhaben, hier diese beiden großen Religionen erklären zu wollen, wäre also von vornherein zum Scheitern verurteilt. Die folgenden Kapitel über Hinduismus und Buddhismus sind also letztendlich nur der gewagte Versuch kurzgefasster Interpretationen. Aber vielleicht vermitteln sie dem Leser eine grobe Grundvorstellung dieser beiden Glaubensrichtungen.

In Budhanilkantha liegt der Gott Vishnu auf den Windungen einer Schlange, deren elf Köpfe seine Krone bilden. Symbolisch ruht er sich auf der Weltenschlange aus, ehe er den ewigen Kreislauf aller Dinge wieder von neuem in Gang setzt.

Gläubige legen ihre Opfergaben diesem Hindugott zu Füßen.

Hinduismus

Grundlage der hinduistischen Denkweise ist ein immer währender Kreislauf von Erschaffung, Erhaltung und Vernichtung bzw. Erneuerung der Welt. Bezogen auf den einzelnen Menschen also ein fortwährender Zyklus von Geburt, Tod und Wiedergeburt in einem neuen Leben.

Beschrieben und symbolisiert wird dieses Gedankenbild durch eine Fülle von Göttern. Dabei sind diese Götter nicht als individuelle Gottheiten zu verstehen, sondern versinnbildlichen vielmehr die unterschiedlichen Aspekte (Inkarnationen) eines göttlichen und alles umfassenden kosmischen Gesamtgefüges, des Dharma (Gesetz), welches jedoch in seiner unergründlichen Gesamtheit der menschlichen Auffassungsgabe versagt bleibt.

An der Spitze dieses Gesamtgefüges stehen symbolhaft Brahma, Vishnu und Shiva. Der vierköpfige Brahma ist der Erschaffer der Welt, die vier Köpfe veranschaulichen dabei seinen vollständigen Überblick. Vishnu ist der Behüter bzw. Erhalter der Welt. Er inkarniert sich in verschiedener Gestalt, um das Dharma (Gesetz) auf der Erde aufrecht zu erhalten (im Hinduismus gilt beispielsweise auch Buddha als eine der vielen Inkarnationen Vishnus). Der »tanzende« achtarmige Shiva ist der Zerstörer, aber gleichzei-

Farbpulver spielen für die religiösen Riten der Hindus eine große Rolle. Sie werden oft in der Nähe wichtiger Tempel angeboten (beim Pashupatinath-Tempel in Kathmandu).

Der Pashupatinath-Tempel ist eines der wichtigsten Hindu-Heiligtümer überhaupt, er ist dem Gott Shiva, dem Schöpfer der Tiere, geweiht (Pashupatinath=Der Herr der Tiere).
Vor dem Tempel, am Fluss Bagmati, befinden sich die Verbrennungsplätze für die Toten. Ihre Asche wird nach der Bestattungszeremonie in den Bagmati gestreut und gelangt so zum heiligen Fluss Ganges.

Sadhus, heilige Männer des Hinduismus.
Die Pose ist hundertfach erprobt und funktioniert für wenige Rupies so mechanisch wie der Druck auf den Auslöser des Fotoapparates ...
Doch wir erkennen nur die Oberfläche. Was für uns wie »Showbusiness« anmutet und widersprüchlich wirkt, ist für die Sadhus die religiös motivierte Entsagung an alles weltliche und das eigene Ich.
» ... denn dein Selbst gehört dem Willen Gottes ... «
(aus dem heiligen Schwur der Sadhus).

tig auch der Erneuerer, der das Rad der Welt fortwährend von neuem in Gang setzt. Daneben gibt es noch zahlreiche weitere Götter, die jeweils weitere Aspekte des Dharma verkörpern. Als Beispiele seien hier noch Ganesh (der elefantenköpfige Sohn Shivas), Krishna (der Frühlingsgott), Chandra (der Mondgott), Indra (der Regengott) und Surya (der Sonnengott) genannt.

Vordergründig ist der Hinduismus eine sehr tolerante Religion, die dem Gläubigen die Freiheit lässt, für sich herauszufinden, welche Aspekte des Dharmas, also welche Götter für ihn besonders wichtig und verehrenswürdig sind. Es ist für einen Hindu durchaus denkbar beispielsweise auch Jesus zu verehren, ohne dadurch irgendwelche Konventionen der hinduistischen Religion zu verletzen. Denn eine Doktrin mit bestimmten Konventionen – wie etwa beim Islam oder Christentum – gibt es im Hinduismus eigentlich nicht! Viel wichtiger ist das Karma (die Bilanz aller Handlungen, auch die aus den vorangegangenen Leben), welches darüber entscheidet, ob man im nächsten Leben vielleicht als Mitglied der nächsthöheren oder einer niedrigeren Kaste wiedergeboren wird. Gerade im Kastensystem zeigt sich der im Grundsatz für Entwicklungen und Veränderungen sehr aufgeschlossene Hinduismus als eher starres Gebilde. Eine Widersprüchlichkeit, die vielleicht eher auf das Streben nach Machterhalt der hochkastigen Gesellschaftsschichten als auf die religiöse Philosophie zurückzuführen ist. Obwohl in Nepal das Kastensystem vom Gesetz her abgeschafft ist, könnte man aus westlicher Sicht durchaus wünschen, dass in dieser Beziehung Shiva (der Erneuerer) auch in den Köpfen der Menschen bald mal wieder »tanzt« und Vishnu (der Erhalter) sich anderen Aufgaben zuwendet.

Buddhismus

Der Begründer des Buddhismus, Siddharta Gautama, wurde etwa 500 v.Chr. in Lumbini – also innerhalb der heutigen Grenzen Nepals – geboren. Den Namen Buddha (der Erwachte) erhielt er allerdings erst mit dem Beginn seiner geistigen Lehrtätigkeit.

Das Ziel des Buddhismus ist vorrangig, das »Leiden« zu beseitigen. Basis hierzu ist die Erkenntnis der »vier edlen Wahrheiten«. Die Wahrheit vom Leiden, die Wahrheit von der Leidensentstehung, die Wahrheit von der Leidensvernichtung und schließlich (der Lösungsweg) die Wahrheit vom zur Leidensvernichtung führenden achtfältigen Pfad. Der Grundgedanke dabei ist, dass alle Freuden der Welt und des Lebens vergänglich sind. Das Leid entsteht also durch die Endlichkeit (Wandlung) aller Dinge und Freuden. Nur bei völl gem Gleichmut gegenüber der Welt und ihren Freuden, dem Leben und dem Tod hat Leid keinen Platz mehr.

Der achtfältige Pfad hat zum Ziel, diesen Gleichmut – und damit die Befreiung von Leid, also das Nirwana – zu erreichen. Nirwana heißt »Verwehen« bzw. »Verlöschen«, gemeint ist das Verlöschen aller Wünsche und der Gier und damit der Austritt aus dem Kreislauf der leidvollen Wiedergeburten.

An bestimmten religiösen Festtagen wird der Bodhnath-Stupa durch unzählige Butterlampen erhellt. Dieses Ereignis ergibt sich an bestimmten Tagen nach einem Mondkalender, oder auch durch die Initiative einzelner, gläubiger Menschen. So ließ hier zum Beispiel der Sherpa Jamling Tenzing Norgay (der Sohn des Everest-Erstbesteigers Tenzing Norgay) als Opfer für die Götter vor seiner eigenen Everest-Besteigung 20.000 Butterlampen entzünden.

Bemerkenswert bei der »reinen Lehre« Buddhas ist, dass sie sich nur auf den Menschen und alle Aspekte seiner Umgebung bezieht, also keine übergeordnete göttliche Instanz (an die man Verantwortung abgibt) mit einbezieht, sondern diese sogar strikt ablehnt. Auch hat sich Buddha niemals selbst in eine solche Position gehoben.
Viele interpretieren den Buddhismus daher auch nicht als Religion im eigentlichen Sinne, sondern eher als eine Philosophie oder als eine Lehre zur Bewältigung des Lebens, also eine Art Anleitung zur Lebenshilfe.
Die sehr theoretische Lehre Buddhas entsprach dabei natürlich nicht dem Verlangen der »einfachen« Menschen nach einer »begreifbaren« Instanz, bei der sie ihrem religiösen Bedürfnis Ausdruck verleihen konnten.
Der heute von den Buddhisten in Nepal praktizierte und teilweise vom Hinduismus beeinflusste Tibetische Buddhismus sowie die damit verbundene religiöse Symbolik in Form von Riten, Buddhastatuen, Stupas usw. hätte der »Erwachte« im Grundsatz abgelehnt, allerdings tolerierte er diesen »falschen Weg« wenn dadurch das Leiden vermindert wurde. Seine Lehre legt nicht den Glauben an einen bestimmten Gott nahe, sondern überlässt es unter Einbeziehung bestimmter Verhaltensregeln dem einzelnen Menschen, seinen eigenen Weg zur Erlösung zu finden.

Am Rundgang unter der großen Kuppel des Bodhnath-Stupas.

Der Sockel des Stupas wird häufig mit vielen Reihen symbolträchtiger Butterlampen geschmückt.

Affenmutter mit Jungem (Swayambhunath-Stupa, Kathmandu).

Buddha-Figur in einem Erker am Swayambhunath-Stupa.

Om Mani Padme Hum

Eine Landschaft voller Symbole

Gebetsfahnen am Gletschersee bei Manang im Marsyangdi-Tal (Annapurna-Region). Im Hintergrund erkennt man die Nordostflanke der Gangapurna, 7454 m. Ihr Gletscher kalbte noch vor wenigen Jahren direkt in den See.

Ein ständiges Spiel von Sonne und Wind. Riesige Gebetsfahnen auf dem Weg von Namche Bazar nach Thame (Khumbu).

Gebetsfahnen

Das etwas naiv formulierte, populärwissenschaftliche Beispiel aus der Chaosforschung, nach dem der Flügelschlag eines Schmetterlings andernorts – sozusagen als Zünglein an der Waage – einen Sturm auslösen kann, ist vielen bekannt und wurde selbst in einem kommerziellen Spielfilm unter die Leute gebracht.

Bemerkenswerterweise führt die Denkweise gläubiger Buddhisten in eine ähnliche Richtung, wenn auch mit eher religiös-philosophischer als wissenschaftlicher Grundlage. Buddhisten gehen davon aus, dass all unser Handeln, seien es Worte, Taten oder Gedanken, nicht unabhängig von ihrer Umwelt sind, also nicht steril für sich stehen, sondern in jedem Fall eine Wirkung auf den Gesamtzusammenhang aller Dinge ausüben. Aus dieser Denkweise heraus entstanden bereits vor vielen hundert Jahren die Gebetsfahnen. Meist bedruckt mit buddhistischen Mantras, aber auch mit religiösen Symbolen oder Buddhafiguren, gibt es sie in fast allen Größen, von kleinen aneinander gereihten Wimpeln bis hin zu riesigen Flaggen.Gemäß der oben skizzierten Lehre spielt dabei auch die Motivation, mit der ein Mensch die Gebetsfahnen aufhängt, eine wichtige Rolle. Mit segensreichen Wünschen versehen, behüten sie so

Eine aufgemalte Buddhafigur bildet oft das Herz einer Manimauer, wie hier bei Sedua in Ostnepal.

Ein wirrer Knäuel von Gebetsfahnen flattert im kalten Wind am 5417 m hohen Thorung La im Annapurna-Gebiet. Im Hintergrund die Berge von Mustang.

alle wichtigen oder auch gefährlichen Orte. Man findet sie an allen heiligen Plätzen und Tempeln, aber auch an Hängebrücken, schwierigen Wegen und Passübergängen, ja selbst Nutztiere wie Yaks werden manchmal mit ihnen geschmückt. Während sie der Wind nach und nach zerfleddert, verstreuen sie dabei ihre – durch die Wünsche und Mantras – auferlegten Wirkungen.
Die fünf Farben der Gebetsfahnen symbolisieren zudem noch die verschiedenen Elemente. Blau steht dabei für die Luft, grün für das Wasser, rot für das Feuer, gelb für die Erde und weiß für den Raum.

Gebetsmühlen

In ähnlicher Weise sind auch die Gebetsmühlen zu verstehen. Sie werden im Uhrzeigersinn in Drehbewegung versetzt und rezitieren dabei mit jedem Umlauf das eingravierte oder aufgemalte Mantra. Oft sind die Zylinder der Gebetsmühlen auch im Inneren gefüllt mit Pergamenten, auf denen in zahlloser Wiederholung das gleiche Mantra aufgedruckt ist. Auch Gebetsmühlen gibt es in vielen Variationen und Größen. Angefangen von kleinen Handmühlen bis hin zu riesigen, teilweise wassergetriebenen Zylindern. Das am meisten verwendete und beliebteste Mantra lautet »Om Mani Padme Hum«, übersetzt »Oh du Juwel im Lotos«

von der Bedeutung etwa »Oh du Erhabenheit aus dem Lotos, segne meinen Körper und meinen Geist«. Mit Erhabenheit ist dabei ein Bodhisattva gemeint, also ein Mensch, der durch ein untadeliges und verdienstvolles Leben aus dem ewigen Kreislauf der Wiedergeburten befreit wurde, jedoch freiwillig auf den Einzug ins Nirwana verzichtet, um nun, erneut wieder geboren, das Leid auf der Erde zu mildern. Dass in der blumigen Sprache der Buddhisten die Lotosblüte als Gleichnis gewählt wurde, kann man leicht erklären. Der Lotos gedeiht in einer sumpfigen, morastigen Umgebung, dennoch lassen sich seine Blätter aufgrund ihrer besonderen Oberflächenbeschaffenheit nicht beschmutzen (Lotoseffekt).

Manisteine

Manisteine finden sich im gesamten vom Tibetischen Buddhismus geprägten Teil des Himalaya. Meist zu langen Mauern aufgeschichtet, stehen sie am Eingang von Klöstern oder bei anderen heiligen Orten. Häufig zieren sie auch wichtige Verbindungspfade. Dabei trennen sie den jeweiligen Weg in zwei Spuren, denn wie alle heiligen Orte passiert man auch die Manimauern im Uhrzeigersinn, dabei stets mit der rechten Körperseite der Mauer zugewandt.
Auch auf den Manisteinen ist am häufigsten das Mantra »Om Mani Padme Hum« zu finden. Meist in tibetischer Schrift kunstvoll herausgemeißelt, manchmal aber auch in den Farben der Elemente aufgemalt. Daneben finden sich häufig verschiedene religiöse Symbole und Buddhas in unterschiedlichen Variationen.
Die Gläubigen gehen davon aus, dass beim Passieren der Mauer von den Steinen eine segensreiche Wirkung ausgeht. Auch die Spender der Manisteine – häufig Pilger – glauben durch die Spende oder die Herstellung von Manisteinen ihr Karma (die Bilanz aller guten und schlechten Taten eines Menschen) zu verbessern.
Beobachtet man Einheimische, die Manimauern entgegen dem Uhrzeigersinn passieren so ist das nicht zwangsläufig auf mangelnden Respekt zurückzuführen, denn für Anhänger der Bön-Religion ist dies die religiös richtige Vorgehensweise.

Gebetsmühlen beim Kloster Marpha.

Manimauer bei Tashigaon. Die Schafe im Bild wenden diesem Heiligtum die linke Seite zu, sie sind also entweder unwissend oder Bön-Anhänger, die solche Heiligtümer zwar respektvoll, aber entgegen dem Uhrzeigersinn passieren.

Chörten bei Braga im Marsyangdi-Tal.

Bemalte Manisteine bei Tashigaon (Ostnepal).

Auf dem Weg vom Ort Langtang nach Kyangjin (Langtang-Region) passiert man zahlreiche Manimauern. Im Hintergrund links der Tsergo Ri (ein sehr lohnender Wandergipfel), 4968 m, und rechts der Ganchenpo, 6387 m.

Gebetsfahnen am Weg von Lhonak nach Pangpema (Kanchenjunga-Region). Im Hintergrund die steilen Westwände des Kirat Chuli (Tent Peak), 7123 m, und des Nepal Peak (rechts), 6910 m.

Das Land ist schief

Geografische Gliederung und Klima

Blick aus der Nähe des Dorfes Dhampus über das Vorgebirge auf den Machhapuchhare und die Gipfel der östlichen Annapurna-Region.

Bauernhäuser im unteren Arun-Tal. Die Talsohle liegt auf etwa 400 m. Im Hintergrund die Eisgipfel des Khumbu, rechts der Chamlang, 7318 m.

Terrassenfelder bei Syabru (Langtang-Region).

Nepal ist ein etwa 800 km langer und ungefähr 180 km breiter Streifen Land, von der Fläche her etwa so groß wie Österreich und die Schweiz zusammengenommen. Die geografische Gliederung verläuft dabei annähernd parallel zu den beiden großen Landesgrenzen zu Indien im Südsüdwesten und China (Tibet) im Nordnordosten. Doch der Einfachheit halber mogeln wir hier ein wenig und drehen das Land um etwa 20° und sprechen deshalb im Folgenden nur noch von Nord und Süd bzw. Ost und West.
Im Süden, entlang der Grenze zu Indien, finden wir tief gelegene Schwemmebenen mit sumpfigen Flusslandschaften, Auwäldern und dichtem Dschungel sowie ausgedehnte Agrarflächen – das so genannte Terai. Das Terai ist Nepals Anteil an der Gangesebene und sehr dicht besiedelt. In den zahlreichen, einfachen Bauerndörfern und Kleinstädten lebt etwa die Hälfte der Bevölkerung Nepals. Hier befinden sich auch die meisten (der wenigen) Industriebetriebe und Manufakturen des Landes.
Flankiert wird das Terai im Norden durch eine erste lang gestreckte Hügelkette, den Siwalik-Churia-Kamm, der mit einigen Unterbrechungen das ganze Land in Ost-West-Richtung durchzieht und dabei eine Höhe von etwa 800 bis 1200 m erreicht.
Nahezu parallel verläuft die nördlich an-

Beschauliche kleine Siedlungen und Landwirtschaft kennzeichnen große Teile des Terai.
Die Bewirtschaftung der Felder erfolgt auch heute noch meist mit einfachsten Mitteln.

Wer an Nepal denkt, sieht vor seinem geistigen Auge meist gewaltige Berglandschaften, dennoch gibt es im Süden des Landes auch ausgedehnte, fast afrikanisch anmutende Ebenen und Savannenlandschaften (Terai bei Narayangadh).

schließende Kette der Mahabharat-Berge. Dieser Kamm ist jünger als der hohe Himalaya und gilt als akuter Erdbebenherd. Charakteristisch sind seine fast durchweg begrünten Gipfel, welche die Dreitausendmetermarke teilweise bereits erreichen. Berüchtigt sind die enorm steilen Flanken dieser Bergkette, gewaltige Murenabgänge beeinträchtigen immer wieder die wenigen Nord-Süd-Verbindungen. An ihrer Nordseite hat die junge Mahabharat-Kette zunächst die Himalaya-Flüsse zu großen Seen aufgestaut. Im Lauf der Zeit konnten sich diese Flüsse aber einen neuen Weg durch das Gebirge im Süden bahnen und in der Folge das Land wieder ungehindert entwässern. Geblieben sind kleine, durch Ablagerungen aufgefüllte Ebenen. Das Kathmandu-Tal und die Niederungen bei Pokhara mit dem Phewa- und Begnas-See sind hier die besten Beispiele. Das Höhenniveau die-

Am Phewa-See bei Pokhara, 853 m. Im Hintergrund der Machhapuchhare, 6998 m.

Ziegenherde im kleinen Ort Chulu, im Hintergrund die Annapurna III, 7755 m.

Beim Abstieg vom Dhampus Col (Dhaulagiri-Gebiet). Der Blick schweift über die Ketten der Vorberge zum Nebelmeer am Horizont, unter dem sich die Ganges-Ebene erahnen lässt.

ser Ebenen liegt bei etwa 800 bis 1400 m. Die Verbindung von diesen Ebenen im Landesinneren zum hohen Himalaya bildet dann das dicht besiedelte und stark gegliederte Pahar (Mittelland). Die höheren Bergkämme und Gipfel überschreiten hier mit mehr als 4000 Metern bereits deutlich die Waldgrenze und bilden mit meist felsdurchsetzten Grashängen die mittleren Stockwerke der grandiosen Himalaya-Landschaft. Dazwischen finden wir montane Wälder und tief eingeschnittene Täler mit subtropischer Vegetation. Geprägt wird das Landschaftsbild aber vor allem durch die unzähligen kleinen Dörfer mit den charakteristischen Terrassenfeldern in ihrem Umland. In den sehr fruchtbaren und urbar gemachten Anteilen des Pahar lebt gut ein Drittel der Bevölkerung. Ihren Lebensunterhalt bestreiten diese Menschen überwiegend durch – meist mit archaischen Methoden betriebene – Landwirtschaft und Viehzucht, aber auch der Tourismus spielt in vielen Gebieten eine bedeutende Rolle.

Fast übergangslos wird das Pahar im Norden durch die eisigen Mauern des hohen Himalaya begrenzt. Eigentümlicherweise ist dieses höchste Gebirge der Erde aber keine Wasserscheide. Viele der großen Flüsse, die Nepal und seine Berge nach Süden entwässern, entspringen nördlich des Hauptkam-

Subtropische Kulturlandschaft in der Nähe von Besisahar im Marsyangdi-Tal.

Riesenbambus, in Nepal ein beliebtes Baumaterial.
Die »Halme« sind so dick wie kleine Baumstämme und werden bis zu 30 m hoch.

Junge Reispflanzen.

Bananen-Stauden in den Gärten sind in den subtropischen Tälern südlich des Himalaya-Hauptkammes keine Seltenheit (Tamba-Kosi-Tal).

mes im tibetischen Hochland. Diese Flüsse sind viel älter als der zwar schon ordentlich faltige, aber in geologischen Zeiträumen betrachtet geradezu jugendliche und immer noch im Wachstum befindliche Himalaya. Im Laufe von Jahrtausenden der Anhebung haben sie ihren Lauf durch den Hauptkamm im Wesentlichen beibehalten. Das alte Sprichwort »steter Tropfen höhlt den Stein« hat hier seinen Wahrheitsgehalt nachdrücklich unter Beweis gestellt. Der Hauptkamm wird heute durch diese uralten und enorm tief eingeschnittenen Flusstäler in mächtige Hochgebirgsinseln unterteilt. Als ein herausragendes Beispiel sei hier der Kali Gandaki genannt. Sein Lauf trennt die beiden nur 34 km voneinander entfernten Achttausender Dhaulagiri und Annapurna I durch eine von den Gipfeln aus gemessen etwa 5500 m tiefe Talkerbe. Etwas übertrieben scheint allerdings die häufig gebrauchte Bezeichnung »tiefste Schlucht der Erde«. Wenn wir das Wort Schlucht mit dem Wort Tal vertauschen, kommen wir den tatsächlichen, aber deswegen nicht weniger eindrucksvollen Gegebenheiten viel näher. Ähnliche Dimensionen finden sich jedoch

In der Nähe von Sikha im Annapurna-Gebiet. Jenseits des tief eingeschnittenen Kali-Gandaki-Tales erhebt sich der Dhaulagiri, 8167 m, und der Tukuche Peak, 6920 m.

Landwirtschaft für Schwindelfreie: Mancherorts, wie hier im Tal des Ghunsa Khola, werden selbst steilste Hänge genutzt. Fotografiert auf dem Weg von Amjilosa nach Sekathum (Kanchenjunga-Region).

auch am Fluss Arun, dessen Talkerbe die Makalu-Region vom Kanchenjunga-Massiv trennt oder am Trisuli, welcher den Ganesh vom Langtang Himalaya abgrenzt.

Nördlich des Hauptkammes schließt sich dann eine trockene und karge Hochregion an. Eine schier endlose Gebirgswüste, die wesentliche Teile des hier angrenzenden Tibet charakterisiert. Da der Hauptkamm aber in den mittleren und westlichen Landesteilen nicht gleichzeitig die Grenze zu Tibet bildet, finden wir auch in Nepal solche tibetisch anmutenden Landstriche.

Mustang und Dolpo sind hier die besten Beispiele, aber auch das weniger bekannte Narphu und die Region nördlich des Manaslu zeigen eine ähnliche Charakteristik. Die sehr karge, manchmal wüstenartige Landschaft in diesen Gebieten kann nur wenige Menschen ernähren. Größere Siedlungen finden sich hier meist nur in den Haupttälern. Überwiegend sind diese regenarmen Landstriche aber nur sehr dünn besiedelt oder gänzlich unbewohnt.

Monsun, ein Segen für das Land

Nepals Klima wird in erster Linie durch den Zyklus der Monsunwinde bestimmt. Sehr vereinfacht gesagt, entsteht der Monsun durch den unterschiedlichen Wärmehaushalt der Landmasse Asiens und des Indi-

Wasser: ein Geschenk des Sommermonsuns und gleichzeitig einer der wichtigsten Reichtümer des Landes.

Gewitterstimmung am 6998 m hohen Machhapuchhare. Die Symmetrie der Westflanke hat dem als heilig verehrten Berg auch den Namen »Fishtail« eingebracht.

Terrassenlandschaft oberhalb des Seti Nadi im Annapurna-Gebiet.

schen Ozeans im Verlauf der Jahreszeiten. Ab Anfang Juni bis Ende September bringt der Sommermonsun dem Land feuchte Luftmassen aus Südwesten, die sich in Nepal vornehmlich am Hauptkamm des Himalaya und seinen südlich vorgelagerten Gebirgsketten abregnen. Generell kann man sagen, dass seine Auswirkungen zu den westlich gelegenen Landesteilen hin etwas abnehmen.

Sieht man von den Schäden durch Murenabgänge und Erosion ab, so ist dieser kontinuierliche Wassernachschub während der Bewirtschaftungszeit der Agrarflächen ein wahrer Segen für Nepal. Ohne ihn wäre es zum Beispiel kaum möglich, die teilweise sehr steilen und exponierten Reisterrassen über einen längeren Zeitraum ausreichend zu bewässern. Nördlich des Hauptkammes hat der Sommermonsun nur noch einen eher schwachen Einfluss und bringt hier nur sehr sporadisch ein paar unbedeutende Schauer. Die Bedeutung des Monsuns für die trockenen, nördlich gelegenen Landesteile ergibt sich eher indirekt. Die starke Vergletscherung des Hauptkammes rührt ganz wesentlich von den Niederschlägen des Sommermonsuns her. Die Gletscher entwässern jedoch auch zum Teil in die nördlich gelegenen Trockentäler. Hier reicht die Wassermenge zwar nicht zum Reisanbau, aber immerhin

Bewässerung der Reisfelder bei Sedua oberhalb des Arun-Tales.

Der Wasserfall bei der Ortschaft Tal im Marsyangdi-Tal (Annapurna-Gebiet). In fast allen Tälern Nepals gehören unzählige solcher großen und kleinen Wasserkaskaden zum Landschaftsbild.

lässt ein ausgeklügeltes Bewässerungssystem auch dort – inmitten staubtrockener Gebirgswüste – alljährlich grünende Oasen von Apfel- bzw. Getreideplantagen entstehen. Den Einheimischen ist die Bedeutung der Gletscherberge für ihr Leben von alters her bewusst. Die besondere Verehrung der großen Gipfel als heilige Berge ist also auch aus dieser Sicht betrachtet nachvollziehbar. Nicht umsonst bedeutet zum Beispiel der Name Annapurna sinngemäß übersetzt »Die Göttin der Ernte« bzw. »Die Nahrung spendende Göttin«.

Ab Anfang Dezember setzt der Wintermonsun ein und hält bis etwa Mitte März an. Er ist das jahreszeitliche Äquivalent zum Sommermonsun und befördert nun aus entgegengesetzter Richtung, also von Nordosten, meist trockene und kühle Kontinentalluft in das Land. Der Wintermonsun ist in Nepal nicht ganz so stabil wie etwa im zentralen Indien – wo nun über viele Monate Trockenheit herrscht – und so bringen gelegentliche Störungen aus Europa auch mal heftige Winterstürme, begleitet von mehr oder weniger ergiebigen Niederschlägen, über das Land.

Die Zeiten zwischen den beiden Monsunzyklen – also Frühjahr und Herbst – werden überwiegend von ruhigem Hochdruckwetter und angenehm ausgeglichenen Temperaturen bestimmt.

Stillleben an einem Bauernhaus in der Nähe von Dobhan (Kanchenjunga-Region).

In den mittleren Höhenlagen ist der in Nepal schon seit langer Zeit domestizierte Wasserbüffel häufig anzutreffen. Dennoch ist in der Nähe der manchmal recht temperamentvollen Tiere Vorsicht geboten.

Typisches Wohnhaus in Ostnepal. Im fensterlosen Erdgeschoss sind häufig Nutztiere untergebracht (Tamor-Tal, Kanchenjunga-Region).

Reisernte bei Bahundanda im Annapurna-Gebiet (Bilder rechts).

Himalaya-Hauptkamm: Blick vom Aufstieg zum Chulu Far East auf den östlichen Teil der »Grand Barrier«. Dieses noch unbegangene, etwa 10 km lange Teilstück ist fast durchweg über 7000 m hoch und verbindet die Gangapurna (links), 7454 m, mit der Annapurna I (rechts), 8091 m. Der Annapurna etwas vorgelagert erkennt man Khangsar Kang (Rock Noir), 7485 m, und Tarke Kang (Glacier Dome), 7202 m.

Blick aus der Nähe von Namche Bazar auf die riesige, mehr als 3500 m hohe Lhotse-Nuptse-Mauer. Dahinter der alles überragende Mount Everest, 8850 m.

Blick auf den Kang Nachugo, 6735 m, fotografiert aus der Nähe des Tsho Rolpa im oberen Abschnitt des Rolwaling-Tales.

Monduntergang am Sarphu IV (vermutlich ca. 6200 m), fotografiert aus der Nähe der Ortschaft Kambachen (Sarphu Himal / Kanchenjunga-Region).

Erstes Morgenlicht am Gipfelgrat der Gangapurna, 7454 m.

Die Annapurna II, 7937 m, von Westen gesehen, fotografiert von einem Aussichtspunkt im Mardi Himal.

Mächtige Schneefahnen an der Annapurna III, 7755 m, fotografiert vom Hochlager des Chulu East.

Der Langtang Lirung, 7234 m, im frühen Morgenlicht von Kyangjin Gompa aus fotografiert.

Die Sonne verabschiedet sich mit einer eindrucksvollen Lichtaura hinter der Nordwand des Wedge Peak, 6750 m. Fotografiert aus der Nähe von Pangpema (Kanchenjunga-Region).

Vom leicht ersteigbaren Gipfel des Gokyo Peak (Khumbu) hat man einen eindrucksvollen Blick in die mächtige Südwand des Gyachung Kang, 7952 m. Über seinen Gipfel verläuft die Grenze zu Tibet.

Hausgroße Eisstrukturen auf dem Drolambao-Gletscher (Rolwaling Himalaya). Die sonderbaren Gebilde entstehen unter dem Einfluss der Gletscherbewegung und zeitweiser Sublimation (das Eis verdunstet in der extrem trockenen und kalten Höhenluft, ohne vorher zu Wasser zu schmelzen).

Detailaufnahme aus dem Eischaos des Kanchenjunga-Gletschers bei Pangpema. Die Schichtung der Eisschollen ist für Glaziologen wie ein aufgeklapptes Buch, zeilenweise »lesen« bzw. interpretieren sie Details aus der Vergangenheit.

Trockentäler nördlich des Himalaya-Hauptkammes:

Der Ort Marpha im Kali-Gandaki-Tal mit seinen verwinkelten Gassen und der typischen Flachdachbauweise. Der Holzvorrat auf den Dächern dient zugleich als Windschutz.

Auf dem Weg von Muktinath nach Kagbeni. Die bizarren Erosionsstrukturen auf der gegenüberliegenden Talseite – also jenseits des Jhong Khola – liegen bereits im Gebiet von Upper Mustang.

Blick von Muktinath in den kargen Talkessel um Kagbeni, der Eingangspforte Mustangs. Rechts im Bild erkennt man das Kloster Jhong.

Nationalparks

Einzigartige Refugien der Natur

Das Auge eines Elefanten.

Abendstimmung am Narayani River im Chitwan-Nationalpark.

Nepal hat, von den Tiefebenen des Terai bis zu den Gipfeln der Achttausender, eine vertikale Ausdehnung von mehr als 8 Kilometern. Nahezu sämtliche Klima- und Vegetationszonen unserer Erde sind hier vertreten. Abgesehen von weiten Teilen des Landes, die durch den Menschen urbar gemacht wurden und die durch Landwirtschaft und Viehzucht geprägt sind, kann man die natürlichen Vegetationsstufen etwa wie folgt beschreiben:

In den Niederungen des Terai finden wir dichten Dschungel, sumpfige Flusslandschaften und Savannen. Mit zunehmender Höhe wird die tropisch anmutende Vegetation durch ausgedehnte Laub- und Bambuswälder abgelöst.

Ab etwa 1500 bis 2000 m mischen sich dann mehr und mehr montane Nadelbäume und Rhododendren in das Landschaftsbild. Diese reichen schließlich bis an die Baumgrenze, die in Nepal zwischen 3500 und 3800 m liegt. In besonders begünstigten Lagen gedeihen kleine Baumgruppen aber sogar noch in Höhen um 4000 m.

Darüber finden wir vor allem Zwergsträucher und alpine Matten. Zur Schneegrenze hin – die etwa bei 5700 m liegt – werden schließlich auch diese immer spärlicher und in der Übergangszone zum ewigen Eis durch robuste Moos- und Flechtenarten ab-

Unterwegs auf dem Narayani River im Chitwan-Nationalpark.

Ein Panzernashorn zeigt seine gefährlichste Waffe im Profil. Leider wurde den mächtigen Tieren dieses Horn auch vielfach zum Verhängnis. In manchen Ländern Asiens gilt es als Potenzmittel und Aphrodisiakum und wird auf dem Schwarzmarkt teuer gehandelt (bis zu 80.000 Euro). Die strenge Gesetzgebung Nepals – mit Höchststrafen für Wilderer – bewahrt die Tiere in der Regel jedoch vor dem Schlimmsten.

gelöst. Dennoch gibt es auch hier noch einige wenige Blütenpflanzen – wie die Stellaria decumbens – die sogar noch in Höhen bis zu etwa 6000 m gedeihen.

Die Tierwelt, die in diesen verschiedenen Klimastufen lebt, ist entsprechend vielgestaltig. Sie reicht von den Nashörnern, Krokodilen und Tigern im sehr warmen Tiefland bis hin zum seltenen und anmutigen Schneeleoparden, der in den unwirtlichen Höhen zwischen 5000 und 6000 m noch Blauschafe und Pfeifhasen als Beutetiere vorfindet. Selbst die eisigen Gipfel der Sieben- und Achttausender sind nicht gänzlich ohne Leben, denn sogar am Gipfel des Mount Everest kann man Vögel und »Primaten« beobachten.

Zum Schutz der einmaligen Artenvielfalt, die sich hier in Nepal auf relativ kleinem Raum präsentiert, hat die Regierung innerhalb der letzten Jahrzehnte mehr als 16 % der Landesfläche als Nationalpark oder Schutzgebiet ausgewiesen. Bedenkt man die sehr geringe Wirtschaftskraft sowie den enormen Siedlungsdruck, der durch das rasche Bevölkerungswachstum und den damit verbundenen Raumbedarf in diesem kleinen Land entsteht, so ist dies eine sehr ansehnliche Leistung, der die meisten »entwickelten Länder« kaum etwas Adäquates gegenüberstellen können.

Chitwan-Nationalpark, 932 km²

Der Royal-Chitwan-Nationalpark ist wohl der bekannteste Nationalpark in Nepal. Er besteht zu großen Teilen aus sumpfigem Schwemmland mit dichten, tropisch anmutenden Dschungelgebieten, ausgedehnten Fluren mit Elefantengras sowie Laubwäldern, die im Churia-Siwalik-Kamm bis in eine Höhe von mehr als 700 m reichen.

Berühmt ist er vor allem als Refugium für das immer noch vom Aussterben bedrohte Indische Panzernashorn. In dem streng gehüteten Reservat leben heute etwa 400 Exemplare dieser urweltlich anmutenden Dickhäuter. Eine beachtliche Anzahl, wenn man bedenkt, dass der Bestand im letzten Jahrhundert – als das Gebiet zur Jagd an Indien verpachtet wurde – bis auf sehr wenige Tiere dezimiert wurde.

Allein im September 1938 fielen dem mondänen Privatvergnügen eines einzelnen Jagdherrn 38 Panzernashörner, 120 Tiger, 27 Leoparden und 15 Lippenbären zum Opfer. Es war Lord Linlithgow (Viceroy of India), der sich mit diesem fragwürdigen Rekord geschmückt hat. Leider haben sich noch viele andere Adelsherren in ähnlicher Weise mit »Ruhm« bekleckert, bis die Jagd 1962 endgültig verboten wurde.

Damit ist auch schon ein kleiner Teil der

Ein mächtiges Panzernashorn beobachtet während der Nahrungsaufnahme aufmerksam den fluchtbereiten Fotografen, der sich zwar zu Fuß, sicherheitshalber aber im Schutze eines Elefanten angenähert hat.

Ein Gavial am Ufer des Narayani River. Die seltenen Ganges-Gaviale stehen auf der Liste der bedrohten Tierarten. Sie gehören weder zu den »echten« Krokodilen noch zu den Alligatoren, sondern bilden in der Ordnung der Krokodile eine eigene Familie, die nur diese eine Art umfasst.

Spezies erwähnt, die dem damaligen Jagdrausch zum Glück nicht vollständig zum Opfer gefallen sind und die auch heute noch hier leben. Der anmutigste von allen ist natürlich der König des Dschungels, der Bengalische Tiger.

Im Nationalpark leben aber noch weitere Beutegreifer. Neben dem Leoparden ist dies der sehr seltene Nebelparder (Neofelis nebulosa), eine ganze Reihe kleinerer Katzen wie die Leopardenkatze, die Dschungelkatze und die Fischkatze, außerdem kann man Schakalen, Füchsen, Hyänen, Wildhunden und Lippenbären begegnen. Während von den Großkatzen normalerweise kaum eine Gefahr für die Parkbesucher ausgeht, gilt der Lippenbär als eher unberechenbar und – wenn sein Nachwuchs mit im Spiel ist – als besonders angriffslustig.

Ähnliches muss man aber auch dem Panzernashorn nachsagen. Man sieht den behäbig wirkenden Tieren kaum an, dass sie im Verteidigungsfall bei ihren Attacken bis zu 55 km/h beschleunigen können. Jeder, der sie beobachten will, sollte daher wissen, dass diese Tiere, wenn es um Familienangelegenheiten geht, nur sehr wenig von Diplomatie halten.

Das größte Säugetier im Nationalpark ist aber der Indische Elefant. Parkbesucher lernen ihn meist als sehr gutmütiges und be-

hutsames Reit- und Arbeitstier kennen. Der sicherste Platz, um sich beispielsweise den unberechenbaren Nashörnern zu nähern, ist der auf dem Rücken eines Elefanten. Im Park gibt es auch eine kleine Anzahl wild lebender Elefanten, denen man allerdings eher selten begegnen wird.

Zu den größeren Spezies gehört auch der Gaur. Mit einem Gewicht von bis zu einer Tonne und einer Körperlänge von mehr als 3 Metern ist er das größte heute noch lebende Wildrind.

Zum kompletten »Dschungelbuch« gehören auch zwei Affenarten. Häufig beobachten kann man vor allem Rhesusaffen. Den Nachkommen vom Affengott Hanuman, den auch Schlankaffen genannten und als heilig verehrten Languren, begegnet man allerdings schon etwas seltener.

Zu nennen sind noch Wildschweine, Muntjaks, verschiedene Arten von Axishirschen

Ein Panzernashorn am Ufer des Narayani River. Immer häufiger überqueren die Tiere in den Abendstunden diese natürliche Nationalparkgrenze, um die wohlschmeckenden Feldfrüchte der Siedlungen gegenüber zu »ernten«. Die Bauern wehren sich dagegen mit einfachen, meist wirkungslosen Zäunen. Der Bestand der Panzernashörner im Chitwan-Nationalpark hat sich in den letzten Jahrzenten so gut erholt, dass es möglich ist, einzelne Tiere in andere Nationalparks zu übersiedeln.

Auf Streifzug mit den Rangern des Island Jungle Resort. Das hier sichtbare Elefantengras wird mehr als 5 Meter hoch und bildet stellenweise ein undurchdringliches Dickicht.

Axishirsche leben meist in kleinen Gruppen in lichtem Dschungel oder offenem Grasland. Sie zählen zu den bevorzugten Beutetieren des Bengalischen Tigers.

und die seltene Vierhörnige Antilope. Eines der ungewöhnlichsten Säugetiere im Park ist nur in den großen Flüssen anzutreffen. Es ist der Ganges-Delfin. Er ernährt sich von Fischen und Weichtieren, die er in dem oft trüben Flusswasser mit seinem ausgeklügelten Biosonar aufspürt. Mit viel Glück begegnet man ihm bei einer Kanufahrt auf einem der beiden Hauptflüsse Rapti und Reu. Im Bereich dieser Flüsse leben auch der Gavial und das Sumpfkrokodil, die beiden Vertreter aus der Ordnung der Krokodile, die es in Nepal gibt: Der Gavial ist ein hoch spezialisierter Fischfänger und für Säugetiere ein eher harmloser Geselle, das Sumpfkrokodil macht sich auch an größere Beutetiere heran und kann unter Umständen sogar dem Menschen gefährlich werden.

Ein weiteres Reptil, mit dem man als mittelgroßes Säugetier nicht spaßen sollte, ist der Tigerpython. Diese Riesenschlange ist in der Lage, ganze Wildschweine oder Axishirsche zu verschlingen.

Zu den bemerkenswerten Reptilien im Park gehört aber auch die Königskobra. Ihr wird man als Parkbesucher nur außerordentlich selten – dann jedoch mit eher gemischten Gefühlen – begegnen. Sie ist die weltweit größte Giftschlange und erreicht durchschnittlich eine Größe von 3 bis 4 Metern. Es wurden aber auch nachweislich schon

Chitwan-Nationalpark – auch für Schmetterlingsliebhaber ein Paradies:

*Ein Schwalbenschwanz-Schmetterling bei der Nektar-Aufnahme.
Als unfreiwillige Gegenleistung für die süße Mahlzeit transportiert er mit den Flügelspitzen den gelben Pollenstaub zur nächsten Blüte und sorgt so für den Arterhalt der Pflanze.*

Blauer Tiger (Tirumala limniace leopardus).

Monarch (Danaus plexippus).

Die von den Einheimischen »Red Cotton Bug« genannte Schildwanzenart wird bis zu 10 cm groß und ist im Terai sehr häufig anzutreffen (Chitwan-Nationalpark).

Eine Gottesanbeterin: Dieses Insekt kann man in allen wärmeren Landesteilen Nepals sehr häufig beobachten.

Besonders im subtropischen Teil Nepals leben zahlreiche, zum Teil sehr farbenprächtige und große Arten der Radnetzspinnen. Die Abbildung entspricht in etwa der Originalgröße.

Ein Elefant bei der Arbeit. Die Reitelefanten der Nationalparks sorgen aber nur für ihren eigenen Unterhalt. Täglich wird ein Teil der Tiere dazu abgestellt, das reichlich benötigte Futter für die Nacht einzuholen.

Ein Elefant und sein Mahout nach einem erfrischenden Bad im Fluss. Ein Mahout bleibt seinem Tier ein »Elefantenleben« lang verbunden. In den Nationalparks leben die Mahouts in kleinen Hütten in unmittelbarer Nähe ihrer Tiere. Jeder Mahout hat auch einen Stellvertreter. Die Tiere werden also von jeweils zwei ihnen vertrauten Personen betreut.

Körperpflege auf Elefantenart.

Elefanten schlafen täglich nur etwa 2 bis 3 Stunden. Aus Gewichtsgründen müssen sie sich aber schon nach der Hälfte dieser Zeit auf die andere Seite drehen. Zum Schlafen wird der Rüssel stets ins Maul gesteckt um die Rüsselöffnung vor dem Übergriff lästiger Insekten zu schützen. Auch schlafen nie alle Elefanten gleichzeitig. Zum Einen bietet dies den eingeschlummerten Tieren Schutz, zum Anderen benötigen sie die Zeit um ihre beachtliche tägliche Nahrungsmenge aufzunehmen.

Tiere mit einer Länge von mehr als 5 Metern gefunden. Wie fast alle Schlangen ergreift auch die Königskobra normalerweise die Flucht, sobald sich ein Mensch nähert. Nicht jedoch während der Brutpflege: Königskobras bewachen die Eier in ihren Nestern und sind in dieser Zeit allen Eindringlingen gegenüber sehr aggressiv.
Weitere Giftschlangen sind die Speikobra, die Grüne Viper und eine seltene Unterart der ebenfalls sehr giftigen Korallenschlange (Callophis macclellandi).
Nicht vergessen dürfen wir die mehr als 500 Vogelarten, die hier ganzjährig oder saisonal leben und sich auf die verschiedenen Arten von Grasland-, Wald- und Wasservögeln verteilen. Stellvertretend seien hier aus dem enormen Artenreichtum nur Königsfischer, Pfau, Nashornvogel und Sunda-Marabu genannt.

Parsa-Tierreservat, 499 km²

Das Parsa-Tierreservat liegt wie der Royal-Chitwan-Nationalpark im Terai und schließt direkt östlich an diesen an.
Seine Charakteristik ist daher – mit kleinen Einschränkungen – mit der des benachbarten Royal-Chitwan-National-Parks vergleichbar. Die wichtigsten hier lebenden Tierarten sind wild lebende Elefanten, Tiger, Leoparden, Wildhunde und Hyänen.

Der Argala-Marabu, einst in großen Teilen Südasiens heimisch, ist heute nur noch selten anzutreffen. Er steht auf der Roten Liste der bedrohten Tierarten. Es wird vermutet, dass es insgesamt nur noch weniger als 1000 Tiere gibt (Chitwan-Nationalpark).

Der Rotohrbülbül ist vielerorts im tropischen Teil Asiens beheimatet, das hier abgebildete Paar (Männchen und Weibchen sind bei Bülbüls gleich gefärbt) wurde im Chitwan-Nationalpark aufgenommen.

Ein schön gefiederter Vertreter aus der artenreichen Familie der Fliegenschnäpper, fotografiert in der Nähe von Kyangjin Gompa, 3850 m, im Langtang-Nationalpark.

Detailaufnahme einer Agame (Chitwan-Nationalpark).

Die Schmuckbaumnatter (Chrysopelia ornata) gehört zu den häufig anzutreffenden und harmlosen Schlangenarten des Terai (Chitwan-Nationalpark).

Agamen (auch Schönechsen) sind in Nepal weit verbreitet. Sie gehören zur Ordnung der Leguanartigen und können ähnlich wie ein Chamäleon ihre Farbe verändern. Besonders farbenprächtig zeigen sich hochzeitswillige männliche Tiere (Chitwan-Nationalpark).

Langtang-Nationalpark:

In den subtropischen Wäldern des unteren Langtang-Tales kann man gelegentlich ganzen Horden von Hanuman-Languren (Schlankaffen) begegnen.

Bizarre Baumskulpturen im oberen Helambu.

Blühender Rhododendron-Urwald im Langtang-Tal.

Bardia-Nationalpark, 968 km²
Er ist der größte Nationalpark im Terai und bietet etwa den gleichen Artenreichtum wie der Chitwan-Nationalpark. Auch der Landschaftscharakter ist mit dem des Chitwan-Nationalparks vergleichbar, allerdings erheben sich die bewaldeten Hügel der Siwalik-Berge hier bis auf etwa 1500 m.
Auf dem Landweg ist er jedoch nur sehr umständlich zu erreichen, dies mag auch ein Grund dafür sein, dass man hier viel weniger Touristen begegnet als im sehr gut erschlossenen Chitwan-Nationalpark.

Suklaphanta-Wildreservat, 305 km²
Bis vor kurzem war dieses vergleichsweise kleine Areal noch königliches Jagdgebiet. Zu erwähnen sind hier vor allem Tiger, Leopard, Python und Sumpfkrokodil sowie eine kleine Anzahl wild lebender Elefanten.

Koshi-Tappu-Reservat, 175 km²
Das Koshi-Tappu-Tierreservat liegt in der Schwemmebene des Sapta-Koshi-Flusssystems in den östlichen Tiefebenen des Terai. Das Gebiet besteht hauptsächlich aus Auwäldern mit großflächigen Feuchtbiotopen. Das Reservat ist vor allem für Vogelfreunde ein sehr reizvolles Ziel, denn auf relativ kleinem Raum lassen sich hier über 300 Vogelarten beobachten.

Eines der possierlichsten Tiere in den Wäldern Nepals ist der Rote Panda (auch Kleiner Panda). In der Natur sind diese »Kuscheltiere« extrem scheu und nur sehr selten zu beobachten, in zoologischen Gärten – wie bei dieser Aufnahme aus dem Tierpark Hellabrunn in München – erobern sie aber schnell die Herzen vieler Besucher.

Blick durch meterhohe Sträucher von Weihnachtssternen zum Nilgiri, 7061 m (Annapurna Conservation Area).

Eine weitere Besonderheit ist das einzige Vorkommen von wild lebenden Wasserbüffeln in Nepal. In den Flüssen findet man Gaviale, Sumpfkrokodile und den Ganges-Delfin.

Khaptad-Nationalpark, 225 km²
Das Gebiet repräsentiert die mittleren Bergregionen. Hier leben u. a. Leoparden, Gelbhalsmarder, Bären und Moschushirsche.

Rara-Nationalpark, 106 km²
Hauptattraktion ist der Rara-See, einer der größten Seen Nepals. In den Bergregionen um den See leben Wildschweine, Thare, Leoparden, Bären und Moschushirsche.

Phoksundo-Nationalpark, 3555 km²
Das Gebiet besteht vor allem aus Hochgebirge und trockenen Bergwüsten. Das Zentrum des Parks bildet der Ringmo-See (auch Phoksundo-See), der eine recht artenreiche Vogelwelt beheimatet.
In den Bergregionen leben unter anderem die seltenen Schneeleoparden, Blauschafe, Thare, Schakale, Wölfe und Bären.

Annapurna Conservation Area, 7629 km²
Es ist das flächenmäßig größte Reservat in Nepal. Weite Teile des Gebietes sind aber dicht besiedelt und werden wirtschaftlich genutzt. Die Landschaftsformen, die der

Indischer Hanf (Cannabis indica) ist in den wärmeren Landesteilen Nepals recht häufig zu finden. Für die Einheimischen ist es eine traditionelle Heilpflanze und hat für einige Volksgruppen eine wichtige religiöse Bedeutung. Ungeachtet dessen wurde der Handel mit Cannabis in Nepal bereits in den Siebzigerjahren auf Drängen der US-Regierung verboten.

Bartflechten: eine Detailaufnahme zeigt die oft üppige Vegetation in den subtropischen Wäldern Nepals.

In den tiefen und mittleren Lagen findet man verschiedenste Arten von Farnen, die oft einen sehr dichten Unterbewuchs bilden.

Himalaya-Enzian im Langtang-Nationalpark.

Baumbewohnende (epiphytische) Orchideen im Shivapuri-Nationalpark.

In Nepal gibt es mehr als 500 verschiedene Rhododendron-Arten, viele davon sind endemisch. Einige dieser Holzgewächse werden über 15 Meter hoch und bieten im Frühjahr vielerorts ein farbenprächtiges Blütenmeer in den verschiedensten Rot- und Weißtönen.

Die schön strukturierte Westwand des Ganchenpo, 6387 m, fotografiert aus Kyangjin, dem obersten Ort im Langtang-Tal. Der Ganchenpo gehört bereits zum Jugal Himalaya, einem sehr selten betretenen Gebirgskamm, welcher den östlichsten Teil des Langtang-Nationalpark bildet.

Schneetauben im Langtang-Nationalpark, ihr Lebensraum reicht bis in Höhen über 5000 m. Das Foto entstand in der Nähe des Ortes Langtang im oberen Langtang-Tal. Die namenlosen Gipfel im Hintergrund gehören zum Jugal Himalaya. Ganz rechts erkennt man noch die Schulter des Ganchenpo, 6387 m.

Ein Bartgeier zieht seine Kreise im Langtang-Nationalpark. Sein Lebensraum liegt oberhalb der Baumgrenze. Als reiner Aasfresser ernährt er sich überwiegend von Knochen verendeter Tiere, die er häufig aus großer Höhe gezielt auf Felsflächen fallen lässt, um so an das wertvolle Mark zu gelangen. Mit einer Flügelspannweite bis zu 2,90 m zählt er zu den größten Greifvögeln Eurasiens. Wegen der irrigen Annahme, er mache Jagd auf Lämmer, wurde er früher auch Lämmergeier genannt und in Europa vollständig ausgerottet. Die gesunden asiatischen Bestände des im Himalaya respektvoll verehrten Bartgeiers waren Voraussetzung für die erfolgreiche Wiederansiedelung in den Alpenländern.

Die felsdurchsetzte Südwestwand des markant gegliederten Kimshun, 6745 m, im Langtang-Nationalpark.

Pfeifhasen bewohnen vorwiegend die kargen Geröll- und Gletscherregionen Nepals. Trotz des rauen Klimas in diesen Höhenlagen halten sie keinen Winterschlaf, sondern legen für die harte Jahreszeit einen unterirdischen Heuvorrat an (Nähe Trashi Labtsa, Sagarmatha-Nationalpark).

Park zusammenfasst, reichen von der subtropischen Waldregion über das extreme Hochgebirge der Annapurna-Gipfel bis hin zu den wüstenhaften Regionen nördlich des Hauptkammes. Entsprechend artenreich ist die Tierwelt des Parks.
Als aufmerksamer Besucher der dicht besiedelten Haupttäler wird man hier aber hauptsächlich den häufigen Rhesusaffen und kreisenden Bartgeiern begegnen. Die sehr seltenen Schneeleoparden bekommt man so gut wie nie zu Gesicht.

Mustang Conservation Area
Die Trockentäler Mustangs schließen direkt nördlich an das Annapurna-Reservat an und bieten in den Hochlagen u.a. auch Lebensraum für den seltenen Schneeleoparden.

Shivapuri-Nationalpark, 144 km²
Der Nationalpark liegt unweit von Kathmandu und umfasst vor allem den Berg Shivapuri, 2732 m. Berühmt ist das von der Hauptstadt schnell erreichbare Reservat vor allem für seine Orchideen und Heilkräuter. Aber auch Muntjaks (Bellhirsche), Languren und Leoparden leben hier.

Langtang-Nationalpark, 1710 km²
Der Langtang-Nationalpark reicht von den Eisriesen des Hauptkammes bis in die Vor-

Sagarmatha-Nationalpark:
Die Ama Dablam, 6856 m, ist eine der schönsten Berggestalten im Khumbu.
Hier die Nordwestwand, fotografiert aus der Nähe von Dughla.

Eines der edelsten Tiere im Himalaya ist der seltene Schneeleopard (Irbis). Seine kräftigen Vorderläufe machen ihn zum Weltmeister im Weitsprung: Er ist in der Lage, mehr als 16 m breite Klüfte zu überwinden. Die breiten Pranken dienen nicht nur dem Beutefang, sondern verhindern auch ein Einsinken im Schnee. Sein natürlicher Lebensraum reicht bis in Höhen um 6000 m, das hier abgebildete Exemplar ist allerdings ein Bewohner des Tiergartens Hellabrunn in München.

berge des Helambu. Obwohl der Park zu großen Teilen dicht besiedelt ist, bieten ausgedehnte Kiefern-, Rhododendron- und Bambuswälder sowie eine Reihe sehr unzugänglicher Talschluchten noch ungestörten Lebensraum für zahlreiche Tierarten.
Häufiger lassen sich hier vor allem Rhesusaffen und Languren beobachten, aber auch der Rote Panda, der Muntjak, der Himalaya-Thar und der Schwarzbär leben hier. Das Vorkommen des vom Aussterben bedrohten Schneeleoparden ist umstritten. Obwohl er in vielen Nationalparks zur Inventarliste gehört, beschränkt sich die Anzahl der Individuen oft nur auf ganz wenige Exemplare, sofern er überhaupt noch vorkommt.

Sagarmatha-Nationalpark, 1148 km²

Neben der Annapurna Conservation Area ist der Sagarmatha-Nationalpark das am häufigsten von Trekkingtouristen besuchte Naturreservat in Nepal.
Er erstreckt sich im Wesentlichen über den Hochgebirgsraum sowie die Täler südlich der Achttausender Cho Oyu, Mount Everest und Lhotse und reicht bis zu den Wäldern, die südlich von Namche das Tal des Dudh Kosi einrahmen.
Als Besucher kann man hier – neben der grandiosen Landschaft – vor allem verschie-

Ein prächtiger Yak-Bulle auf einer Weide bei Thame (Sagarmatha-Nationalpark). Yaks gehören zur natürlichen Tierwelt des Himalaya. In der ursprünglichen Wildform sind sie heute aber nahezu ausgestorben. In Nepal beweiden sie die zaunlosen Hochlagen und gehören zu den Nutztieren: Sie liefern den Gebirgsbewohnern Fleisch, Milch und Wolle und dienen in den Hochlagen auch als Tragtiere.

dene Fasanenarten, Greifvögel und kleinere Säugetierarten beobachten. Die größeren und attraktiveren Tiere des Parks haben sich meist in die weniger besuchten Seitentäler zurückgezogen. Zu ihnen gehören vor allem der Himalaya-Thar und der seltsame, mit beweglichen Eckzähnen ausgestattete Moschushirsch.

Makalu-Barun-Nationalpark, 1500 km²

An den Makalu-Barun-Nationalpark schließt sich das Makalu-Barun-Naturreservat an, das zusätzliche 820 km² umfasst.
Zusammengenommen bildet das 2320 km² große Areal nicht nur das größte zusammenhängende Waldgebiet Nepals, sondern beinhaltet sämtliche Klimastufen des Landes. Seine vertikale Ausdehnung reicht vom etwa 400 m hoch gelegenen Fluss Arun bis zum 8463 m hohen Makalu. Da der separat beschriebene Sagarmatha-Nationalpark im Westen direkt anschließt, ergibt sich so einer der großartigsten Naturräume, die Asien bietet. Die besondere Tierwelt des Terai einmal außer Acht gelassen, beheimatet der Makalu-Barun-Nationalpark in seinen verschiedenen Höhenstufen fast sämtliche Tier- und Pflanzenarten Nepals.
Hier leben z.B. der seltene Nebelparder, der Moschushirsch, der Rote Panda und der seltene Schneeleopard, um nur die herausra-

Annapurna Conservation Area: Blick vom Mardi-Basislager über das sehr einsame obere Seti-Tal auf die Südseite der Annapurna-Gruppe. Links die Annapurna IV, 7525 m, mit ihrem beeindruckenden Südpfeiler, in Bildmitte überragt die Annapurna II, 7937 m, die Gletscherhochfläche.

Die Westwand des Nuptse, 7881 m, trotz der wärmenden Abendsonne eine lebensfeindliche Welt aus Fels und Eis. Die Aufnahme entstand in der Nähe von Gorak Shep, der letzten Lodge-Siedlung nahe dem Everest-Basislager (Sagarmatha-Nationalpark).

Der Gyachung Kang, 7952 m, ist einer der höchsten Siebentausender Nepals. Zusammen mit dem Cho Oyu ist er einer der ergiebigsten Eislieferanten für den Ngozumba-Gletscher im Vordergrund (Aufnahme vom Gokyo Peak, Sagarmatha-Nationalpark).

gendsten zu nennen. Die Flora umfasst mehr als 2000 nachgewiesene Arten von Blütenpflanzen, darunter alleine 25 verschiedene Rhododendren und mehr als 100 endemische Arten. Dabei ist noch zu bedenken, dass das über weite Strecken unzugängliche Gebiet nur zu einem kleinen Teil systematisch erforscht wurde.

Kanchenjunga-Reservat, 2035 km^2

Das Gebiet ist vergleichbar mit den mittleren und hohen Regionen des Makalu-Barun-Nationalparks. Botaniker schätzen in diesen beiden Schutzgebieten den enormen Artenreichtum der Pflanzenwelt, darunter unzählige Orchideen und endemische Blütenpflanzen.

Die Highlights der hier lebenden Tierarten sind der Schneeleopard, der Nebelparder, der Rote Panda, das Blauschaf und der Himalaya-Thar. Nicht ausgeschlossen, aber unbestätigt sind die Berichte über die Sichtung des Bengalischen Tigers in einer Höhenlage von etwa 4000 m.

Manaslu-Reservat, 1663 km^2

Im Manaslu-Reservat findet sich die typische Tierwelt der mittleren und hohen Regionen Nepals. Besonders zu erwähnen sind vor allem der Schneeleopard, der Luchs, der Grauwolf und der Moschushirsch.

Sagarmatha-Nationalpark, Fundstücke auf dem Ngozumba-Gletscher:

Pionierpflanze auf einer Sanddüne.

Landkartenflechten.

Schriftzeichen der Natur.

Golden schimmernder, glimmerhaltiger und verfestigter Schlamm.

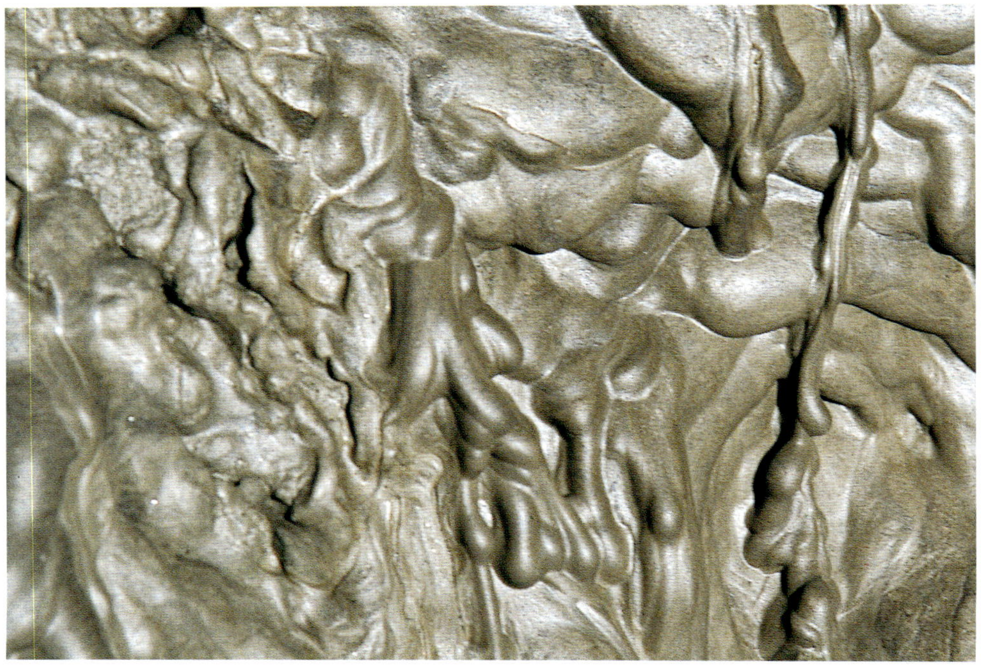

Sanddüne auf dem Ngozumba-Gletscher.

Heilige Berge

Die Zinnen der Götter und Geister

Der Machhapuchhare, 6998 m, wird von Hindus und Buddhisten verehrt. Er ist der Sitz von Amithaba, dem Buddha des grenzenlosen Lichts. Große Bedeutung hat der Berg vor allem für das Volk der Gurung.

Die naive Malerei eines Künstlers aus Patan zeigt neben den wichtigen buddhistischen und hinduistischen Heiligtümern des Landes auch gleich drei heilige Berge. Links der Machhabuchhare und rechts der etwas verfremdete Gauri Shankar mit der Gipfelpyramide des Mount Everest dahinter. Das Gemälde ist bezeichnend für das konfessionsübergreifende religiöse Empfinden der Bevölkerung Nepals.

Fast alle Bergvölker Nepals betrachten die großen Gipfel des Himalaya mit besonderer Hochachtung, sie gelten als die unnahbaren Wohnstätten der Geister und Götter. In dieser Eigenschaft sind zwar Ähnlichkeiten mit den Mythen unseres Kulturraums zu erkennen – wo in früherer Zeit viele Gipfel ebenfalls als Sitz der Berggeister und Dämonen galten –, allerdings gibt es deutliche Unterschiede in der Betrachtungsweise der Bewohner.

Waren die Gipfel bei uns meist von bösen Dämonen besetzt, die Unheil über die Menschen brachten, so sind die Geister und Götter, die auf den Himalaya-Gipfeln wohnen, überwiegend mit positiven Eigenschaften belegt. Sie bringen den Menschen eine gute Ernte, Gesundheit oder ein langes Leben, jedenfalls so lange man ihnen mit Respekt begegnet und sie nicht herausfordert oder erzürnt.

Aber auch in anderer Hinsicht gibt es wesentliche Unterschiede im Verhältnis zum Berg als solchem. Die vielfach angewandte »Kampfsprache« und der mangelnde Respekt vieler Bergsteiger aus dem Westen gegenüber diesen mystischen Giganten stoßen bei den einheimischen Bergvölkern im besten Fall auf Unverständnis. Wenn die Menschen des Himalaya auf ihre Berge steigen – was nicht unbedingt gang und gäbe ist –, so wollen sie diese höchstens besuchen oder berühren, aber niemals mit ihnen »kämpfen« bzw. ihre Gipfel »bezwingen«. Nach der Erstbesteigung des Machhapuchhare 1957 durch David Cox und Wilfrid Noyce trugen die anschließenden Veröffentlichungen sogar mit zu dem späteren Besteigungsverbot bei. Obwohl die Erstbegeher ihrem Versprechen, den Gipfel nicht zu betreten, nachgekommen waren, gab Noyce als Grund für die etwa 50 m unter dem Gipfel erfolgte Umkehr nur die enormen technischen Schwierigkeiten an. Der im Zusammenhang eigentlich nur ironisch

Die Nordostflanke der Annapurna I, gesehen von einem Hochlager am Chulu East. Annapurna heißt sinngemäß übersetzt »Die Göttin der Ernte« bzw. »Die Nahrung spendende Göttin«, ihr Gipfel wird vor allem von Hindus als heilig verehrt.

zu verstehende angefügte Hinweis: »Uns bieder verheirateten Bewerbern blieb also keine andere Wahl als die Umkehr, die Leute von Chandrung und Chomrong werden sich aber über unseren Respekt freuen«, löste nicht nur in Nepal heftige Diskussionen aus. Der Machhapuchhare gilt als der Sitz von Amithaba, dem Buddha des grenzenlosen Lichts. Für das in seiner Nähe lebende Volk der Gurung hat der Berg eine ganz herausragende religiöse Bedeutung. Aus Sorge um ihre Ernte baten sie die beiden Bergsteiger mit Nachdruck, von ihrem Vorhaben abzulassen. Für die Gurung ist unzweifelhaft, dass die direkt auf die Besteigung folgende und für sie katastrophale Missernte auf die Störung dieses erhabenen Berges zurückzuführen ist. Der nepalesische König erließ einige Zeit später ein bis heute gültiges Besteigungsverbot für diesen Berg.

Neben dem Machhapuchhare gibt es allerdings eine ganze Reihe weiterer Gipfel, denen die Bevölkerung eine solche Ehrfurcht entgegenbringt, dass sich eine Besteigung aus ihrer Sicht eigentlich verbietet.

Der Doppelgipfel des Gauri Shankar ist zum Beispiel ein solcher Berg. Obwohl er offiziell bestiegen werden darf, gilt er gleich in zweifacher Hinsicht als heilig. Für die Hindus, die ihn aus den südlichen Ebenen rein optisch als höchsten Gipfel der weißen Himalaya-Kette wahrnehmen, ist er der Wohnsitz von Shiva und seiner Gemahlin Parvati. Für die buddhistischen Sherpa ist er dagegen Sitz der Urmutter »Tashi Tseringma«, der »Göttlichen Mutter des langen Lebens«. Sie ist die älteste der fünf Feengöttinnen, die auf verschiedenen Himalaya-Gipfeln wohnen. Eigentlich sind diese Göttinen ein Bestandteil der alten Bön-Religion und haben ihren Ursprung in der vorbuddhistischen Zeit. Der Mythologie nach haben sie aber bereits vor mehr als 1000 Jahren ein Versprechen zu Gunsten des Buddhismus geleistet und wurden so in das Glaubensbild der tibetisch beeinflussten Bergvölker Nepals integriert. Eine vergleichbare Rolle nimmt Chomolungma, die »Göttinmutter des Landes«, für die Bewohner Tibets ein, für die Sherpa spielt Sagarmatha – so der nepalesische Name für den Mount Everest – aber in religiöser Hinsicht nur eine eher untergeordnete Rolle.

Auch die Ama Dablam wird häufig als heiliger Berg genannt. Obwohl die Nepali glauben, dass von ihrer Gestalt eine besondere Kraft ausgeht, ist deren Bedeutung für das religiöse Empfinden der Sherpa nicht mit der des Gauri Shankar oder des nur 5761 m hohen Khumbi Yul Lha – dem Beschützer des Khumbu – zu vergleichen. Ganz im Osten des Landes, sowie in Sikkim erfährt der

Der Doppelgipfel des Gauri Shankar, 7146 m, er ist einer der heiligsten Berge in Nepal. Für die buddhistischen Sherpa ist er der Sitz der Urmutter »Tashi Tseringma«, im Verständnis der Hindus wird er dagegen von Shiva und seiner Gemahlin Parvati bewohnt.

Das Kloster Tengboche. Links im Hintergrund der heilige Berg Khumbi Yul Lha, 5761 m, der »Beschützer des Khumbu«.

weithin sichtbare Kanchenjunga (sinngemäß übersetzt etwa »Die fünf Schätze des Großen Schnees«) besondere Verehrung. Ob ein Berg als besonders heilig gilt, ist also vielfach davon abhängig, welche ethnische Gruppe man hierzu befragt. Eine allgemeinere Antwort auf die Frage, warum die Berge heilig sind, gibt der buddhistische Gelehrte Govinda:

Es gibt Berge, die nur Berge sind und solche, die eine ausgeprägte Persönlichkeit besitzen. Die Persönlichkeit eines Berges ist mehr als bloß eine sonderbare Form, die ihn von anderen Bergen unterscheidet – ebenso wie ein absonderlich geformtes Gesicht oder absonderliche Handlungen ein Individuum noch nicht zu einer Persönlichkeit machen.
Persönlichkeit ist eine Macht, die Menschen auf andere ausüben, ohne es zu wollen; und diese Macht hat ihre Ursache in der Beständigkeit, Konsequenz und Harmonie des Charakters. Wenn diese Qualitäten in einem Menschen in höchster Vollkommenheit vorhanden sind, dann ist er ein würdiger Lehrer der Menschheit, sei es als Herrscher, Denker oder Heiliger, und wir sehen in ihm ein Gefäß göttlicher Kräfte. Wenn ähnliche Qualitäten in einem Berg vorhanden sind, erscheint er uns als Gefäß kosmischer Kräfte und wir empfinden ihn als einen heiligen Berg.

Lama Anagarika Govinda

*Die Westansicht der Ama Dablam, gesehen aus der Nähe von Mong.
Übersetzt heißt »Ama« Mutter, »Dablam« ist ein mit einem Mantra gefülltes Amulett,
das man für gewöhnlich um den Hals trägt.*

8000

Die magische Zahl

Der Gipfel des Mount Everest hinter der gewaltigen Nuptse-Lhotse-Wand. Eingerahmt wird das Bild durch die Gipfel des Taboche (links), 6367 m, und der Ama Dablam (rechts), 6856 m.
Das Foto entstand von einem Aussichtspunkt bei Namche Bazar.

Die Südwand des Lhotse, 8516 m, fotografiert von der Ortschaft Chhukung.

Der Mensch liebt Superlative. Je weiter, höher, tiefer, schneller, schwieriger, steiler, um so spektakulärer. Und damit das Spektakuläre vergleichbar wird, braucht man Zahlen, um die Rangordnung zu bestimmen. In den Alpen sind die 4000er die meistbegehrten Ziele. 5000er haben in der Skala der Bergsuperlative bereits wieder einen schlechteren Stand, sie brauchen schon die Herrschaft über ein eigenes Gebirge oder gar einen Kontinent, um (etwa als einer der Seven Summits) unser Interesse zu wecken. 6000er sind vor allem dann interessant, wenn sie sich in der Neuen Welt befinden, wo sie keine höhere Konkurrenz fürchten müssen. 7000er sind schon ganz schön hoch und spektakulär, doch haben sie das Pech, dass sie sämtlich in Asien stehen, wo sie von der Gipfel-Oberklasse, den 8000ern, auf die Plätze verwiesen werden.
Manch einem mag vielleicht beim Lesen dieser Zeilen sein Gemüt opponieren, hoffentlich! Doch, Hand aufs Herz, wer kann sich gänzlich freisprechen von der Faszination solcher Superlative.
Die Namen der verschiedenen 8000er hat fast jeder Bergsteiger schon einmal gehört. Doch wer kennt schon den fünfzehnthöchsten Berg unserer Erde? Die 48 m, die dem Gyachung Kang zur Achttausenderklasse fehlen, lassen sich rein visuell nämlich kaum wahrnehmen (je nach Vermessung buhlen aber auch Gasherbrum III oder Annapurna II um diesen Rang). Und damit ist die Zahl auch schon bestimmt, denn Berge, die ihre Gipfel in die dünne Luft oberhalb der magischen Achttausendmetermarke recken, gibt es genau vierzehn. Und nur den ganz hohen unter ihnen bläst in Ausnahmefällen auch mal die Gewalt eines Jetstream-Ausläufers um die Nase. Da sich das normale Wettergeschehen mit Niederschlägen aber meist in geringerer Höhe abspielt, zieren sich gerade die ganz hohen unter ihnen – wie etwa der Mount Everest – auch nur mit vergleichsweise wenig Schnee.
Allen 14 Gipfeln gemeinsam ist ein weiterer, eher makaberer Superlativ, nämlich die statistische Todesrate jener Bergsteiger, die sich auf den Gipfel eines 8000ers wagen. Den schaurigen Rekord hält hier die Annapurna I mit einem toten Menschen auf drei erfolgreiche Gipfelbesteigungen. Bei vielen stößt diese Tatsache auf Kopfschütteln und Unverständnis. Für sie ist zunächst nicht nachvollziehbar, warum es Bergsteiger gibt, die, wie im Falle der Annapurna, kleinere Überlebenschancen in Kauf nehmen als etwa beim russischen Roulette! Dabei sind auch Achttausenderbergsteiger ihrer Natur nach nicht zwangsläufig Selbstmordkandidaten. In ihren Köpfen stecken Träume und meist ein unbändiger Wille, diese Träume auch zu leben. Ein Leben, das dann besonders intensiv erscheint, wenn der Tod in der Nähe ist? Ungebremster Lebenswille oder Suizidstreben? Alles wird durch die Medien interpretiert und zeigt letztendlich nur eine von vielen Wahrheiten aus den gebirgigen Seelen der Extrem-

Die Südwand des Cho Oyu, 8201 m. Fotografiert aus der Nähe von Gokyo im Khumbu-Gebiet.

Die Nordwestflanke des Manaslu, 8163 m, fotografiert von einem Hochlager am Chulu East.

Kanchenjunga-Südwestseite: Links der Jannu (Kumbhakarna), 7710 m, weiter hinten der Kangbachen, 7903 m, es folgen Yalung Kang, 8505 m, Haupt-, 8586 m, Mittel-, 8482 m, und Südgipfel, 8476 m. Vorne der Bokton, 6143 m.

bergsteiger. Alle Berichte über Beweggründe und Handlungen dieser Bergsteiger sollten wir deshalb mit großer Vorsicht bewerten. Die Medien wie auch ihre Konsumenten – und dahinter stehen wir alle, die doch die Superlative so lieben – neigen in gleicher Weise dazu, die »Gewinner« als Helden zu bejubeln und die »Verlierer« als leichtsinnig und verantwortungslos zu verteufeln. Dass der feine Unterschied zwischen Erfolg und Niederlage vielleicht nur auf eine kleine Zufälligkeit, auf das letzte Quäntchen Glück zurückzuführen ist, tritt dabei oft in den Hintergrund. Wer nach der Besteigung aller 14 Achttausender noch lebt, ist demnach entweder ein ganz hervorragender Bergsteiger oder ein Glückspilz, wahrscheinlich aber eine gute Mischung von beiden.

Achttausendergipfel werden letztendlich aus dem gleichen Grund wie alle anderen Berge dieser Erde bestiegen, dieser Grund lässt sich am besten und wahrhaftigsten mit dem oft zitierten Ausspruch »weil sie da sind« umschreiben. Dabei bleibt es zweitrangig, ob man eine Besteigung nun »Forschungsexpedition«, »Abenteuer« oder »Führungstour« nennt.

Heute sind alle 14 Achttausender bestiegen. Die Erschließungsgeschichte jedes einzelnen dieser Gipfel reicht bis in die jüngste Zeit und füllt ganze Bergbücher, im Falle

des Mount Everest bereits schon ganze Bücherberge. Doch wollen wir hier die einzelnen, teilweise leidvollen Stationen dieser Geschichte nicht erneut aufbereiten, interpretieren, wiederholen ..., belassen wir es hier bei der geografischen Lage und den Fakten der Erstbegehungsdaten von Nepals Achttausendern. Denken wir dabei aber auch an die vielen ungenannten einheimischen Leistungsträger, die, meist ohne Ruhm zu ernten und für einen geringen Lohn und teilweise unter Einsatz ihres Lebens, diese Unternehmungen überhaupt erst ermöglicht haben.
In Nepal und an seinen Grenzen finden wir acht dieser vierzehn Achttausender: Die drei am weitesten westlich gelegenen Gipfel – Dhaulagiri, Annapurna und Manaslu – befinden sich vollständig auf nepalesischem Boden, während Cho Oyu, Mount Everest, Lhotse und Makalu die markanten Grenzgipfel zu Tibet bilden. Das Bollwerk des Kanchenjunga liegt zu einem Teil bereits in Sikkim (Indien) und schließt das Land nach Osten ab.
Zu dieser relativ engräumigen Ansammlung von Achttausendern gesellt sich noch der vollständig in Tibet gelegene Shisha Pangma. Allerdings ist er der einzige Achttausendmetergipfel, der von der Hauptstadt Kathmandu aus zu sehen ist und muss deshalb ebenfalls erwähnt werden. Alle anderen Achttausender liegen viel weiter im Westen und bilden die spektakuläre Gipfelprominenz im Karakorum.

Mount Everest, 8850 m

Der höchste Gipfel der Erde wird von den Nepali Sagarmatha genannt. Die Tibeter nennen diesen Grenzgipfel Chomolungma, die »Göttinmutter des Landes«, für sie ist er ein heiliger Berg. Für Europäer hieß der mächtige Berg zunächst schlicht und einfach Gipfel 15 und wurde 1856 zu Ehren des Landvermessers Sir George Everest in Mount Everest umbenannt.
Die Erstbesteigung erfolgte am 29. Mai 1953 durch den Neuseeländer Edmund Hillary und den Sherpa Tenzing Norgay.

Kanchenjunga, 8586 m

Der Kanchenjunga ist der einzige Achttausender, der sich an der Grenze zu Sikkim (Indien) befindet. Sein Name bedeutet je nach Übersetzung: »Die fünf Schatzkammern des ewigen Schnees« oder »Die fünf Schätze des Großen Schnees«.
Die Erstbesteigung erfolgte am 25. und 26. Mai 1955 durch ein britisches Team. Die

Der Makalu, 8463 m, von Nordwesten. Der von Wolken markierte Pfeiler ist der berühmte Westpfeiler, er wird manchmal auch »Walkerpfeiler des Himalaya« genannt.

beiden Gipfelteams bestanden aus Joe Brown und George Band bzw. Norman Hardie und Tony Streather.

Lhotse, 8516 m
Lho heißt südlich, entsprechend übersetzt man Lhotse mit »Südgipfel« (südlich des Everest!). Shar heißt östlich, folglich ist der 8393 m hohe Lhotse Shar der »Östliche Südgipfel«. Beide sind Grenzgipfel zu Tibet.
Die Erstbesteigung des Hauptgipfels gelang am 18. Mai 1956 einer Schweizer Expedition unter der Leitung von Albert Eggler. Das Gipfelteam bestand aus Ernst Reiss und Fritz Luchsinger.

Makalu, 8463 m
Die Erstbesteigung des östlichsten Grenzgipfels zu Tibet erfolgte am 15. Mai 1955 durch die beiden Franzosen Jean Couzy und Lionel Terray. Die Ableitung des Namens stammt vermutlich vom tibetischen »Maha Kala« = »Großer Schwarzer« und bezieht sich wohl auf die felsige Gipfelpyramide.

Cho Oyu, 8201 m
Der Cho Oyu liegt im Grenzkamm zu Tibet. Der Name Cho Oyu heißt übersetzt: »Die Göttin des Türkis«. Die Erstbesteigung erfolgte am 19. Oktober 1954 durch die beiden Österreicher Herbert Tichy und Sepp Jöchler zusammen mit Pasang Dawa Lama aus Nepal über den Nordwestgrat. Dies war die einzige Erstbesteigung eines Achttausenders, die im Herbst und gleichzeitig im Stil einer Kleinexpedition erfolgte.

Dhaulagiri, 8167 m
Dhaulagiri heißt übersetzt schlicht und einfach »Weißer Berg«. Er liegt ebenso wie die Annapurna und der Manaslu vollständig auf nepalesischem Boden und ist der westlichste Achttausender des Landes.
Die Erstbesteigung erfolgte am 13. Mai 1960 durch eine Expedition unter Leitung des Schweizers Max Eiselin. Den Gipfel erreichten Albin Schelbert, Ernst Forrer, Kurt Diemberger, Peter Diener, Nyima Dorje Sherpa und Nawang Dorje Sherpa.

Manaslu, 8163 m
Manaslu heißt sinngemäß übersetzt etwa: »Der Sitz der Seele Gottes«.
Die Erstbesteigung erfolgte am 9. und 11. Mai 1956 durch eine japanische Expedition unter der Leitung von Yuko Maki. Die Gipfelteams bestanden aus Toshio Imanishi und Gyaltsen Norbu Sherpa bzw. Kiichiro Kato und Minoru Higeta.

Annapurna I, 8091 m
Annapurna bedeutet je nach Übersetzung etwa: »Die Nahrung spendende Göttin« bzw. »Die Göttin der Ernte« oder auch »Die Göttin des Überflusses«.
Die Annapurna I wurde als erster aller Achttausender am 3. Juni 1950 durch die beiden Franzosen Maurice Herzog und Louis Lachenal bestiegen. Die Annapurna zählt aufgrund ihrer berüchtigten Lawinenabgänge zu den gefährlichsten aller Achttausender.

Der Makalu, 8463 m, vom Aufstieg zum Barun La (Shipton-Pass) gesehen. Links im Profil der mächtige Westpfeiler. Zwischen dem Gipfel und der markanten Graterhebung befindet sich das Eastern Cwm.

Abendlicher Ausblick vom Gokyo Peak zum Mount Everest, 8850 m, Nuptse, 7881 m, Lhotse, 8516 m, und Makalu, 8463 m.

Die Südflanke des Cho Oyu, 8201 m, gehört zum Nährgebiet des Ngozumba-Gletschers und bildet den furiosen Abschluss des Gokyo-Tales. Fotografiert von einem Moränenkamm in der Nähe der Ortschaft Gokyo.

Der Gipfel des Mount Everest, 8850 m, gesehen vom Gokyo Peak. Das schattige Tal unterhalb der im Abendlicht glühenden Gipfelpyramide ist das Western Cwm, auch »Tal des Schweigens« genannt. Der Normalweg zum Mount Everest führt durch dieses Tal zum Südsattel und über den rechts im Profil sichtbaren Südostgrat zum Gipfel. Ganz rechts im Bild der Nuptse, 7881 m.

Die Westseite des Manaslu, 8163 m, fotografiert aus der Nähe von Chame im Marsyangdi-Tal.

Die Südwand der Annapurna I, 8091 m. Mit mehr als 3500 Meter Höhenunterschied bildet sie einen der gewaltigsten Steilabbrüche im Himalaya.

*Dhaulagiri, 8167 m, und Tukuche Peak, 6920 m, von Nordosten.
Fotografiert aus der Nähe von Muktinath.*

Blick vom Poon Hill zur Ostwand des Dhaulagiri (Bildmitte), 8167 m, und zum Tukuche Peak (rechts), 6920 m, links im Hintergrund erkennt man den Churen Himal.

Die Südostwand des Dhaulagiri, 8167 m, fotografiert aus dem unteren Kali-Gandaki-Tal.

Abendlicher Ausblick vom aussichtsreichen Rücken, der hinauf zum Mardi-Basislager führt. Im Hintergrund Annapurna Dakshin, 7219 m, Hiunchuli, 6441 m, und die Südwand der Annapurna I, 8091 m.

Blick aus der Nähe von Lete auf die Nordwestwand der Annapurna I, 8091 m, der markante Gipfel rechts ist der Baraha Shikhar (Fang), 7647 m.

Der Fast-Achttausender Annapurna II, 7937 m, links daneben die Gipfel des Lamjung Himalaya. Im Mittelgrund erkennt man deutlich das tief eingeschnittene Marsyangdi-Tal. Die Aufnahme entstand von einem Hochlager unter den Chulu-Gipfeln im Manang Himalaya.

Die größte Fußgängerzone der Welt

Wege für Trekker und Träger

Die drei Frauen sind auf dem Rückweg vom Markt in Namche Bazar, dem Hauptort des Khumbu. Im Hintergrund die Ama Dablam, 6856 m (Mitte) und der Tramserku, 6608 m (rechts).

Auf der Straße von Kathmandu nach Jiri: »Tourist Bus« begegnet »Local Bus«. Beide transportieren Einheimische gleichermaßen wie Touristen. Der Unterschied: Der Tourist Bus ist teurer, dafür steht die Anzahl der Reisenden in einem ausgewogenen Verhältnis zu den tatsächlich vorhandenen Sitzplätzen. Der Local Bus ist wesentlich billiger, der Platzbedarf der einzelnen Reisenden unterliegt allerdings in Abhängigkeit von ihrer Anzahl einem großen Interpretationsspielraum.

Im Kathmandu-Tal war innerhalb der letzten Jahrzehnte ein explosionsartiger Zuwachs an Kraftfahrzeugen zu verzeichnen. Die Erweiterung des Straßennetzes im Land hat mit diesem Tempo allerdings in keiner Weise Schritt gehalten. Nepals Straßenkarte ist bis heute noch sehr übersichtlich geblieben. Auf dem Landweg ist der weitaus größte Teil des Himalayastaates nach wie vor nur mit einem mehr oder weniger langen Fußmarsch zu erreichen.

Für Trekker und Umweltschützer ist dies eine sehr willkommene Tatsache. Dabei entspricht dieser Standpunkt nicht unbedingt dem Willen der Bevölkerung. Das Bedürfnis nach steigendem Wohlstand und einer besseren medizinischen Versorgung erweckt bei vielen Einheimischen den verständlichen Wunsch nach einer Anbindung ihres Dorfes an das Straßennetz. Langfristig wird Nepal wohl eine ähnliche Entwicklung durchmachen wie etwa – nur um im Gebirge zu bleiben – die Alpenländer. Auch wenn wir vorerst noch keine Himalaya-Autobahn im westlichen Stil fürchten müssen, Kleinprojekte in Form von Stichstraßen von den wenigen bestehenden Hauptverbindungen in die Seitentäler sind jedoch unaufhaltsame Realität. Ist die Straße erst einmal gebaut, wird sie auch genutzt. Von den Einheimischen – denen sie nun vielleicht einen schnelleren Arztbesuch ermöglicht – gleichermaßen wie von den Touristen, die den Ausgangspunkt ihrer Trekkingtour jetzt einige Tage früher erreichen. Dabei sensibilisiert gerade der zuletzt genannte Punkt die einheimische Bevölkerung – zumindest in von Touristen besuchten Regionen – mitunter auch gegen den Bau neuer Straßen. Warum sollten sie auch die geldbringenden Touristen an ihrem Dorf »vorbeirauschen« lassen?

Betrachten wir die kraftverkehrstechnische Not des armen Nepal also vorerst als eine Art Tugend, die uns wohl noch einige Zeit ohne besonders dramatische Veränderungen erhalten bleiben wird. Die Attraktivität dieser »größten Fußgängerzone der Welt« ist für das Land einer der wichtigsten Devisen-

Hängebrücke im Tamba-Kosi-Tal, in dieser Ausführung nicht jedermann(frau)s Sache.

bringer. Autoscheue Touristen finden weltweit kein vergleichbares Gebiet, das ähnlich dicht besiedelt ist und in diesem Ausmaß ohne Straßen auskommt. Nepal besitzt ein einzigartiges Netz von alten Handelswegen und kleinen Verbindungspfaden. Allesamt sind aber für die »wichtigste Erfindung der Menschheit«, das »Rad«, in jeder Weise untauglich. Selbst extreme Mountainbiker werden mit ihrem Gefährt nur in Teilabschnitten Freude haben. Viele dieser Wege überwinden mehrere Klimazonen und führen durch unterschiedlichste Geländeformen. Aus diesem Grund ist auch der Einsatz von Tragtieren nur sehr eingeschränkt möglich.

Den Bewohnern bleibt also keine andere Wahl, als ihre Waren über weite Strecken mit eigener Kraft zu transportieren. Heute muss in vielen Regionen neben dem eigenen Bedarf auch die touristische Infrastruktur mitversorgt werden. Dies bedeutet für viele Einheimische eine weitere Möglichkeit, den Lebensunterhalt zu bestreiten, nämlich als Träger, sei es im herkömmlichen Warenverkehr oder für Touristen und Reisegruppen.

Überall wo es keine Straßen gibt, und das ist wie gesagt der weitaus größte Teil des Landes, wird die gesamte Warenwirtschaft ganz wesentlich durch die Dienste der Trä-

Ohne Hängebrücken wäre das Wegenetz in Nepal undenkbar, besonders in der Regenzeit wären viele Verbindungswege unpassierbar. Ältere Konstruktionen, wie die hier abgebildete Brücke im Tamba-Kosi-Tal, gibt es aber nur noch wenige. Fast alle wichtigen Brücken wurden – in vergleichbarer Bauweise – durch solidere Metallkonstruktionen ersetzt.

Folgende Doppelseite: Einladende Wanderlandschaft über dem Dudh Kosi, zwischen Kharikhola und Lukla (Solu).

Anstrengende Wege im Rolwaling Himalaya: Die Umgehung der steilen Randmoränen erfordert einen mühevollen Zwischenanstieg, bevor man zum mittleren Abschnitt des Trakarding-Gletschers absteigen kann. Links im Hintergrund der Gipfel des Dragker Go, 6793 m.

ger aufrechterhalten. Nicht nur Coca-Cola und Schokoriegel für Touristen, jeder Teebeutel, jedes Stahlseil für eine Hängebrücke, in höheren Lagen auch der Reis und die Linsen für das Dhal Bhat, Kerosin und Mandarinen, Nägel, Zucker und Zement, schlicht alles, was nicht direkt am Ort erzeugt werden kann, wird zu einem großen Teil durch Träger herbei- und gegebenenfalls auch wieder weggeschafft.

Träger sein in Nepal – für uns Europäer ziemlich undenkbar und auch für Nepali sicher kein Traumberuf. Eher ein leidlich bezahlter Knochenjob. Dabei sind die Träger wahre Hochleistungssportler. Sie tragen meist um die 40 kg, manche unter ihnen sogar bis zu 80 kg, dies über viele Stunden, bei jedem Wetter und oft den ganzen Tag. Man muss es mit eigenen Augen gesehen haben und wird auch dann zunächst noch ungläubig den Kopf schütteln.

Jeder Bergsteiger oder Trekkingtourist, der in Nepal wandert, nutzt dabei die Dienste der Träger. Auch wenn es für den einen oder die andere eine Sache der Ethik ist, seinen/ihren Kram selbst zu schleppen, niemand kann sich hier ausnehmen. Individualtrekker zahlen dabei den Trägerlohn allerdings nur indirekt, wenn sie die Schwelle einer Lodge übertreten oder auch nur einen Tee trinken.

Abstieg vom Thorung La nach Muktinath.

Engstelle im Marsyangdi-Tal oberhalb des Ortes Tal, der Weg wurde bereits vor Jahrhunderten in die Steilwand gehauen.

Jeder Trekker bzw. Bergsteiger hat sich also in die Gruppe der vermeintlichen »Ausbeuter« einzureihen, so jedenfalls nach dem etwas undifferenzierten Vorwurf, mit dem viele Trekkingreisende gelegentlich in ihren Heimatländern konfrontiert werden.
Die Dienstleistung der Träger in Anspruch zu nehmen ist letztlich aber genauso viel oder wenig Ausbeutung wie Kaffeetrinken zu Hause, denn selbst wenn wir die »fairen« Sorten zu uns nehmen ist der Unterschied im Lebensstandard zu den Erzeugern in den Entwicklungsländern noch gewaltig.
In Nepal wird man mit diesem Unterschied allerdings direkt konfrontiert und macht sich dabei hoffentlich mehr Gedanken als der durchschnittliche »Kaffeegenießer«!
Ob wir uns tatsächlich wie Ausbeuter verhalten oder die Träger als liebenswürdige Begleiter betrachten und ihnen entsprechende menschliche Wertschätzung entgegenbringen, liegt letzten Endes an jedem Einzelnen und ist nicht nur eine Frage der Bezahlung.
Die Frage sollte daher nicht lauten, ob es richtig ist, in irgendeiner Weise die Dienstleistung der Träger zu beanspruchen, sondern vielmehr, ob wir einen Beitrag leisten können, ihre Lebensumstände zu verbessern. Eine Frage, die natürlich nicht nur die Gruppe der Träger betrifft.

Karawane im Kali-Gandaki-Tal (Annapurna-Gebiet).
Das windige Tal ist gleichzeitig ein uralter Handelsweg nach Tibet.

Erstaunliche Kontraste im unteren Kali-Gandaki-Tal.
Geröllwüste in der Ebene – saftig grüne Wälder an den Berghängen.
Ständige Begleiter im gesamten Talabschnitt sind die heftigen Windböen mit ihrer sandigen Fracht. Brillen mit Kunststoffgläsern werden hier schnell ein teures Opfer des Windschliffs.
Für zusätzlichen »Wirbel« sorgen die Tragtiere der Karawanen.

Trekking

Der Weg ist das Ziel

Unterwegs auf dem Trakarding-Gletscher, im Hintergrund der Drolambao-Eisbruch.

Lager auf dem Trakarding-Gletscher. Im Hintergrund der Pigpherago Shar, 6729 m, und der Pigpherago Nup, 6666 m (Rolwaling Himalaya).

Eine gewaltige Eislawine aus der zerklüfteten Nordwestflanke des Pigpherago Shar trifft auf die »Nährböden« des oberen Trakarding-Gletschers.

Trekking-Stile

Generell unterscheidet man zwei Möglichkeiten, wie man seine Trekkingtour organisatorisch gestalten kann:

Die klassische Form, mit Sirdar (Führer des einheimischen Teams), Zelten, Trägern und einem Küchenteam, ist die aufwendigste. Man ist dabei vollkommen autark unterwegs. Es ist damit die beste Möglichkeit, auch in unbewohnte und sonst eher sehr schwer zugängliche Regionen vorzudringen.

Auch für Bergsteiger, die einen Trekking Peak besteigen wollen und entsprechende Ausrüstung mitführen, ist dies – auch in gut erschlossenen Gebieten – die zweckmäßigste Form für ihre Unternehmung.

Die andere Möglichkeit ist das Lodge-Trekking, ähnlich dem Hüttenwandern in den Alpen. Mit einem »tragbaren« Rucksack auf dem Rücken ist es die flexibelste Form der Fortbewegung. Die große Freiheit bei der Wahl der Route und den Übernachtungspunkten bindet einen allerdings auch an die touristisch gut erschlossenen Gebiete.

Daneben sind natürlich auch alle Mischformen denkbar. Zum einen werden auch von Trekking-Agenturen geführte Lodge-Trekkings angeboten, zum anderen kann man auch problemlos einen einzelnen Träger bzw. Führer engagieren, mit dem es möglich ist, ganz individuell unterwegs zu sein.

Eine nicht sehr vertrauenserweckende Hängebrücke in der Nähe von Yamphudin. Wer weniger mutig ist als der Sherpa auf dem Bild, verzichtet gerne auf die Herausforderung und macht lieber einen kleinen Umweg durch die Talsohle. Allerdings ist dies eine Option, die während der Monsunmonate wohl nur selten gangbar ist (Kanchenjunga-Region).

Nicht ganz ungefährlich und nur bei Trockenheit anzuraten: Querung einer Bergrutschzone zwischen Ghunsa und Kambachen (Kanchenjunga-Region).

Beim Abstieg vom Sinion La fällt der Blick auf das Nebelmeer über dem Ghunsa Khola. Die schneefreien Berge am Horizont sind knapp 5000 m hoch.

Die beste Reisezeit für Trekker

Nepalreisende sprechen oft vom »Vormonsun« bzw. dem »Nachmonsun«, wenn es um die Wahl der besten Reisezeit geht. Gemeint ist jeweils die Zeit vor bzw. nach dem Sommermonsun, also der Frühling oder der Herbst. Beide Jahreszeiten haben ihre kleinen Vorzüge. So verbindet der Frühling einigermaßen stabiles Hochdruckwetter mit angenehm warmen Temperaturen und dem Beginn der Vegetationsphase. Der Herbst hingegen ist die Zeit der Reisernte und der oft goldgelb gefärbten Hochweiden. Das Hochdruckwetter ist meist noch etwas stabiler als im Frühling und die Berge erstrahlen oft in fast unwirklich klarer Luft.

Während beider Reisezeiten ist südlich des Hauptkammes allerdings eine Quellwolkenbildung fast an der Tagesordnung. Diese im warmen Süden entstehenden Wolken dringen im Tagesverlauf in die Himalaya-Täler bis in Höhen von etwa 4000 m hinauf, um sich in der folgenden Nacht dann wieder restlos aufzulösen. Der Morgen beginnt meist mit strahlendem Sonnenschein. Dieses tägliche Wechselspiel muss einen normalerweise nicht beunruhigen und ist kein Anzeichen für eine herannahende Schlechtwetterfront. Bewegt man sich oberhalb der 4000-m-Grenze, so wird man besonders im Herbst nur selten mit Wolken konfrontiert.

Gefahren

Grundsätzlich sind die direkten Gefahren für einen gesunden Menschen auf den Standard-Trekkingrouten nicht höher als bei durchschnittlichen Bergwanderungen im Alpenraum. Nicht vergessen darf man aber, dass die medizinische Versorgung ungleich schlechter ist als zum Beispiel in Europa. Der Weg zu einem – meist sehr dürftig ausgestatteten Krankenhaus – kann oftmals einige Tage erfordern. Auch sind die Möglichkeiten für eine Rettung aus bedrohlichen Situationen jeder Art meist nur sehr eingeschränkt. Obwohl in Nepal der Einsatz eines Helikopters möglich ist – sofern in Kathmandu eine entsprechende Kaution hinterlegt wurde –, muss dieser aber erst einmal alarmiert werden. In abgelegenen Gebieten kann dies oft viele Tage erfordern. Hinzu kommen alpine Gefahren bei technisch schwierigen Unternehmungen, also Routen, die über heikle, vergletscherte Pässe führen oder anspruchsvolle Gipfelbesteigungen mit einschließen. Hier wird allerdings unterstellt, dass Berggänger, die sich

Das mobile Küchenteam bei den Vorbereitungen für das Mittagessen. Ein recht aufwendiges aber eingespieltes Ritual, von dem sich das Team nur ausnahmsweise einmal abbringen lässt.

Im Mannschafts- bzw. Küchenzelt, nach einem erfolgreichen Trekkingtag.

an solche Unternehmungen wagen, auch mit den damit verbundenen Risiken und Gefahren vertraut sind.

Auf die Gefahr von Lawinenabgängen in den Hochtälern des Himalaya muss allerdings auch der »Nur-Wanderer« hingewiesen werden. Selbst einfache Übergänge – wie etwa der häufig begangene Thorung La der Annapurna-Runde – sind nach starken Schneefällen erheblich gefährdet. Auch der von Neuschnee unabhängige Abgang großer Eislawinen – mitunter bis auf die Talböden der Hochtäler – stellt eine latente, wenn auch nicht zu dramatisierende Gefahr dar.

Akklimatisation

Eine andere, eher subjektive Gefahr, der man größte Bedeutung beimessen muss, ist die Höhenkrankheit. Allerdings ist dies auch eine Gefahr, die einen nicht aus heiterem Himmel ereilt, sondern der man mit Vernunft vorbeugen kann. Wer sich gut akklimatisiert und die Sprache seines eigenen Körpers nicht aus falschem Ehrgeiz ignoriert, der hat die besten Voraussetzungen, sich dieser Gefahr ungeschoren zu entziehen.

Für Trekker, die in große Höhen vordringen wollen, gelten folgende Faustregeln:

Ab etwa 3000 m sollte die tägliche Steigerung der Schlafhöhe 400 bis 500 Höhenmeter nicht überschreiten. Spätestens nach

Eine behutsame und ausreichende Akklimatisation ist bei anspruchsvollen Trekking-Unternehmungen – wie hier im Hunku-Tal – unbedingte Vorraussetzung. Wer an den Panch Pokhari (Fünf Seen), 5450 m, mit Höhenproblemen ankommt, befindet sich mitunter schnell in einer gefährlichen Situation. Der wunderschöne Talschluss ist eine regelrechte »Höhenfalle«. Ein rascher Abstieg ist hier nicht möglich. Das Hunku-Tal verliert nach Süden nur allmählich an Höhe und führt schließlich in kaum passierbare Schluchten. Alle Möglichkeiten, um in tiefer gelegene und bewohnte Gebiete zu kommen, führen nur nach oben – über anspruchsvolle Gletscherpässe! Im Hintergrund der Chonku Chuli, 6809 m, und der Chamlang, 7318 m.

Unterwegs auf dem schuttbedeckten Trakarding-Gletscher. Das unwegsame Gelände bedeutet Schwerstarbeit für die Träger. Der Blick ist talauswärts nach Westen gerichtet. Im Hintergrund erkennt man in der Bildmitte den Gauri Shankar, 7146 m, und den rechts vorgelagerten Kang Nachugo, 6735 m.

drei Tagen sollte in solchen Höhen ein Ruhetag eingelegt werden.
Nicht alle Menschen reagieren gleich, auch bei Einhaltung der genannten Faustregeln ist auf körperliche Symptome zu achten. Starke Kopfschmerzen, Unwohlsein und Benommenheit sind wesentliche Indizien für den Beginn einer Höhenkrankheit und müssen sehr ernst genommen werden. In gar keinem Fall sollte bei solchen Symptomen weiter aufgestiegen werden. Oft reicht schon ein weiterer Ruhetag an einem wenige hundert Meter tiefer gelegenen Übernachtungsort aus, damit solche Symptome wieder völlig verschwinden.
Eine »falsche« Rücksicht auf den Ehrgeiz der Mitreisenden ist dabei fehl am Platz und gefährdet die Gesamtunternehmung viel stärker als ein langsameres Vorankommen.
Für Interessierte und Trekker, die ihre Unternehmung in eigener Verantwortung planen, lohnt sich in jedem Fall auch das Studium einer der zahlreichen Publikationen zu diesem Thema (siehe Literaturverzeichnis).

Zeitaufwand und Gehzeiten

Die Zeitangaben in den Diagrammen der nachfolgend vorgestellten Touren sind keine abgestoppten Gehzeiten, sie stellen vor allem eine Planungshilfe dar und berücksichtigen dabei auch, dass man sich in landschaftlich oder kulturell besonders attraktiven Abschnitten meist langsamer bewegt. Die Gesamtplanung – also die Anzahl der Tage – ist daher eher großzügig bemessen und kann von sportlich orientierten Wanderern durchaus auch deutlich unterschritten werden. Generell sollte man den Zeitbedarf für eine Trekkingreise jedoch nicht zu knapp kalkulieren. Ein zusätzlicher Ruhetag ist besser als ein verpasstes Flugzeug!

Genehmigungen – Gebühren

Für ausnahmslos alle Trekkingtouren in Nepal ist seit Januar 2008 eine TIMS-Karte erforderlich. Diese erhält man kostenlos bei allen NTB- bzw. TAAN-Geschäftsstellen (siehe Anhang). Sind zusätzliche Genehmigungen bzw. Gebühren zu beachten, ist dies bei den einzelnen Toureninfos angegeben.

Symbole in Diagrammen und Skizzen

- ☗ Lodges, die eine gute Übernachtungsmöglichkeit und Verpflegung bieten.
- ☖ Einfachste Unterkunftsmöglichkeiten wie Almgebäude, Hirtenhütten usw.
-)(Passübergang
- ▲ Gipfel (rotes Symbol = Trekking Peak)
- ⩓ Buddhistische Sehenswürdigkeiten
- ⩓ Hinduistische Sehenswürdigkeiten
- 🚌 Bushaltestelle bzw. Busverbindung
- ✈ Flugplatz bzw. Flugverbindung

Rund um den Dhaulagiri

Anspruchsvolle Annäherung an den »Weißen Berg«

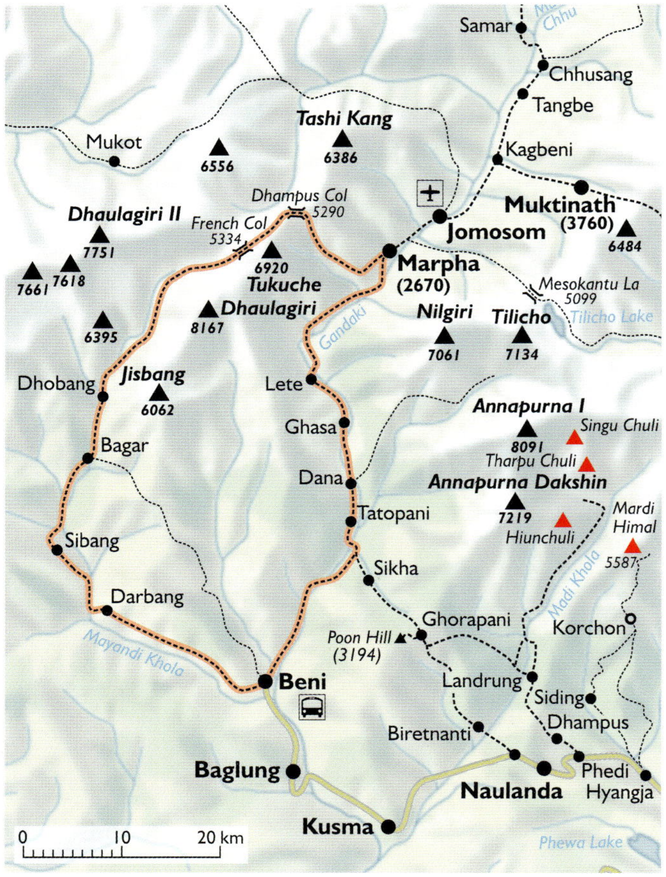

Ein besonderes Erlebnis für viele Reisende aus dem Westen ist der Landeanflug nach Kathmandu. Wer dabei einen Fensterplatz auf der linken Seite des Flugzeuges ergattert hat, der entdeckt im langsam vorbeiziehenden Himalaya-Panorama einen Gipfel, der sich mehr als alle anderen in den Vordergrund schiebt. Eine weiße Pyramide, die als übermächtiger Schneeriese die Szenerie schlichtweg dominiert. Dies ist der Dhaulagiri, der »Weiße Berg«, so die einfache Übersetzung seines Namens.

Kaum ein anderer Gipfel in Nepal überragt seine Umgebung so beherrschend und markant wie dieser einzeln stehende Achttausender. Unterstrichen wird seine Prominenz noch zusätzlich durch seine etwas nach Süden hin vorgeschobene Lage.

Will man diesen eindrucksvollen Berg von allen Seiten betrachten, so bietet sich eine Umrundung dieses westlichsten aller Achttausender in Nepal an.

Der Weg erschließt dabei zwei vollkommen unterschiedliche Landschaftstypen, die diesen Berg umgeben. Im Süden sind es das subtropische Myangdy-Tal und die Vorberge mit einer sehr üppigen Vegetation, die bis an die 4000-Meter-Marke heranreicht. Nördlich des Berges blicken wir dann in eine tibetisch anmutende Gebirgssteppe.

Das Fehlen einer touristischen Infrastruktur über weite Strecken und der Anspruch, der sich aus den zwei zu überwindenden, mehr als 5000 m hohen Pässen ergibt, machen diese Route zu einer guten Wahl für alpinistisch ambitionierte Individualisten. Geboten wird dabei überwiegend eine grandiose und stille Hochgebirgswelt. Den Schlussabschnitt bildet dann das touristisch gut erschlossene Kali-Gandaki-Tal, dessen quirli-

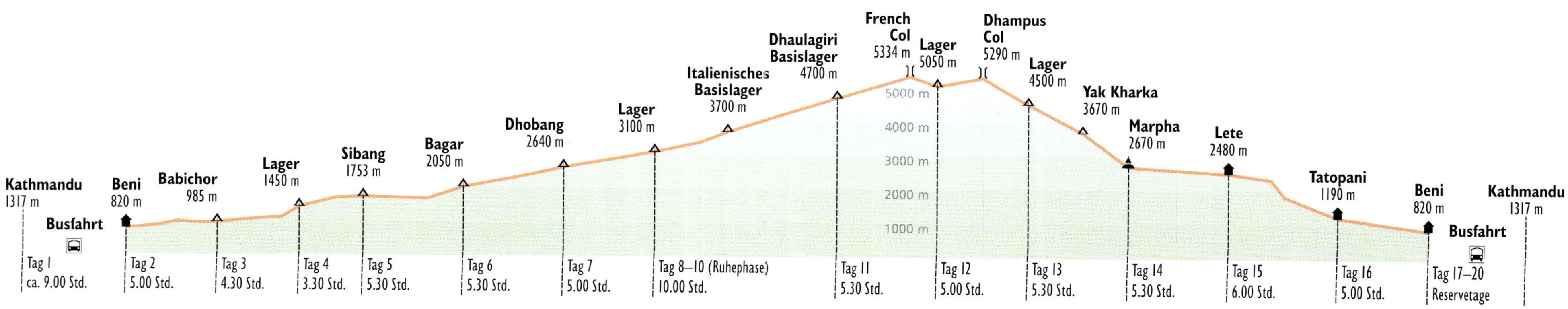

Letztes Abendlicht beleuchtet den Dhampus Col. Rechts vom Pass der Dhampus Peak, 6012 m. Dieser technisch einfache und häufig bestiegene Berg erfordert offiziell eine Expeditionsbewilligung!

Blick vom Dhampus Col über das Kali-Gandaki-Tal hinweg zum Nilgiri, 7061 m. Ganz links der breit gelagerte Yakawakang, 6482 m, und die Pyramide des Khatung Kang, 6484 m. Der markante Einschnitt zwischen diesen beiden Gipfeln ist der Thorung La.

ge Betriebsamkeit zum Abschluss einen attraktiven Kontrast zu den eher einsamen Hochtälern bildet.

Beste Reisezeit

Oktober bis November und April bis Mai.

Infrastruktur

Das Gebiet bietet nur abschnittsweise eine spärliche Infrastruktur, ist also kein Ziel für Individualtrekker. Die organisierte Form mit Sirdar, Zelten und Trägern ist obligatorisch.

Anforderungen

Nur für Bergsteiger mit ausreichend Erfahrung und entsprechender Ausrüstung. Besonders in der Nähe des French Col besteht je nach Verhältnissen eine erhöhte Lawinengefahr.

Hinweise

Bei ausreichender Zeitreserve lohnt es sich, nach der eigentlichen Runde nicht direkt nach Beni zurückzukehren, sondern die Route über Ghorapani bis Phedi fortzusetzen.

Gebühren

Man benötigt ein Permit für die Annapurna Conservation Area, das man sich vorher in Pokhara oder Kathmandu besorgen muss. Die Gebühr beträgt ca. 20 €.

Rund um die Annapurna

Eine Trekkingreise mit atemberaubender Vielfalt

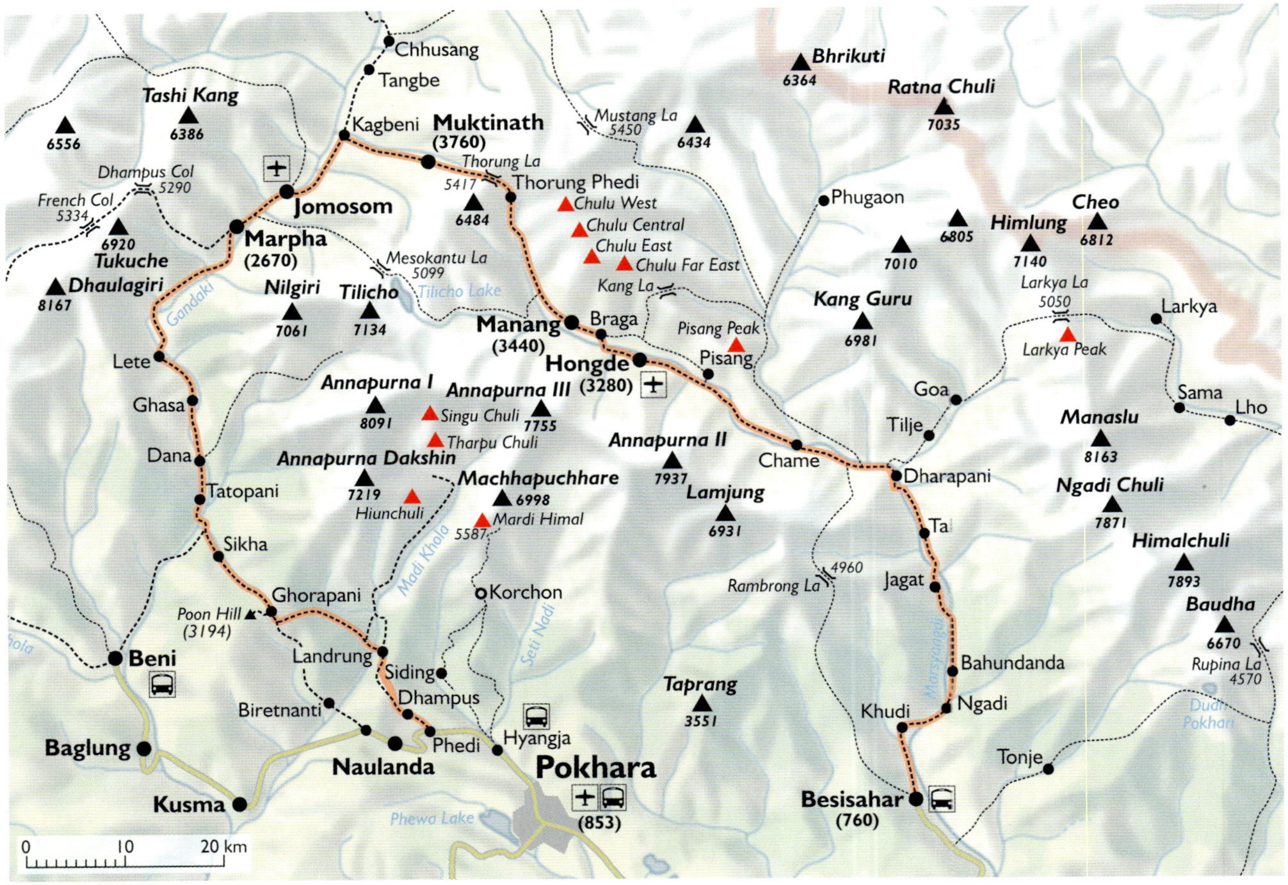

Der Löwenanteil aller Trekkingtouristen Nepals bereist das Annapurna-Gebiet. Ein riesiges Naturschutzgebiet, das unter dem Namen Annapurna Conservation Area Project (ACAP) zusammengefasst ist.

Kaum ein anderes Trekkinggebiet in Nepal bietet eine ähnliche Fülle an kultureller Vielfalt und unterschiedlichsten Landschaftsformen.

Dies und die sehr gute Infrastruktur mit Lodges, die teilweise bereits Hotelcharakter haben, machen die Annapurna-Runde zu einer der weltweit berühmtesten und beliebtesten Trekking-Unternehmungen.

Dem »Eiligen« erschließt sich diese enorme Vielfalt allerdings nur zum Preis einer kaum zu bewältigenden Menge von Eindrücken. Glücklich, wer über genügend Zeit verfügt, um am einen oder anderen Ort auch mal inne zu halten und dabei den ständig wachsenden

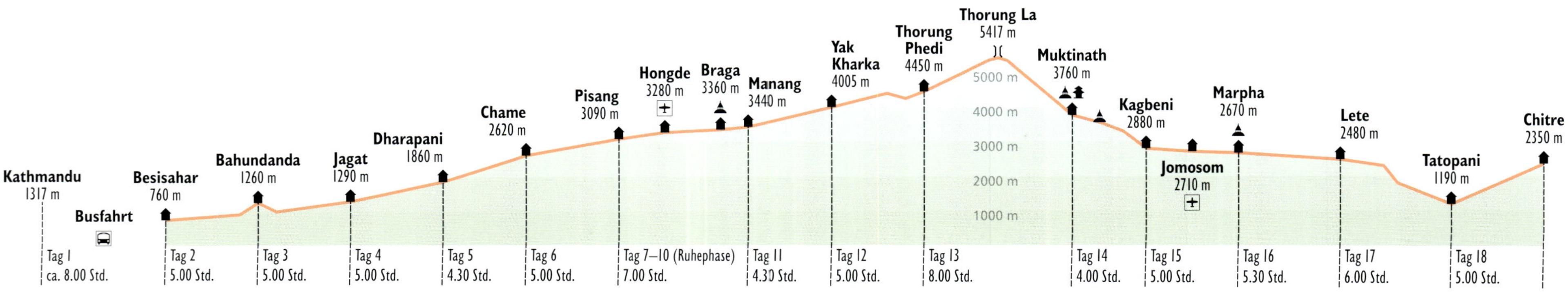

Kinder aus Ngadi im Marsyangdi-Tal beobachten neugierig die Aktivitäten auf dem Campingplatz.

Stapel an Informationen zu verarbeiten. Es gibt nicht wenige, die diese Tour aus diesem Grunde sogar mehrfach wiederholen.
Für andere verbindet sich die Berühmtheit dieser Tour allerdings auch – in Unkenntnis der Gegebenheiten – mit dem »Ruch des Gewöhnlichen«. Zweifellos ist die Hauptroute um die Annapurna »Touristengebiet«, in dem man nicht erwarten darf, alleine unterwegs zu sein. Natürlich findet man hier auch nicht das ursprüngliche Nepal, von dem eigentlich nur die Trekking-Pioniere der Sechzigerjahre berichten können. Ohne Frage erlebt man aber ein sehr authentisches und überaus faszinierendes Stück Nepal, in dem das Rad der Zeit ebenso wenig stehen geblieben ist wie an irgendeinem anderen Ort dieser Welt. Zudem findet man abseits der Hauptwege auch im Annapurna-Gebiet noch einsame, nahezu unbe-

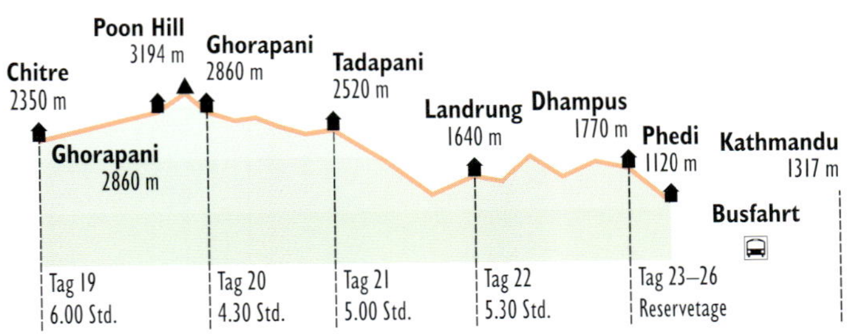

Ein Wasserfall nahe der Ortschaft Tal, Marsyangdi-Tal.

Die enge Klamm des Marsyangdi zwischen der Ortschaft Tal und Dharapani, links der tief eingeschnittene Zufluss des Mlyardi Khola.

Der Marsyangdi in der Nähe von Bhulbhule, im Hintergrund der Himalchuli, 7893 m.

rührte Landstriche, in die sich nur selten ein Tourist verirrt.

Gewöhnlich startet man die Tour in Besisahar, im subtropischen unteren Marsyangdi-Tal, also auf einer Höhe von knapp 800 Metern. Der Weg folgt dem Fluss Marsyangdi und führt zunächst durch eine sehr fruchtbare Hügellandschaft mit zahlreichen, meist von Gurung bewohnten, kleinen Dörfern.

Flussaufwärts zeigt die Landschaft mehr und mehr montanen Charakter. Die grandiose Hintergrundkulisse zu den steilen, meist mit Nadelwald bestandenen Hängen liefert im Osten die Manaslu-Gruppe mit ihren mehr als siebentausend Meter hohen Eisriesen. Der 8163 m hohe Manaslu-Gipfel zeigt sich aber erst in der Nähe von Chame in seiner vollen Größe.

Der Hauptort auf dieser Seite des Thorung La ist Manang. Er liegt nicht nur inmitten der faszinierenden Welt der Eisriesen, sondern befindet sich bereits nördlich des Hauptkammes und damit außer Reichweite der Monsun-Niederschläge.

Manang und die umliegenden Orte in der steppenartigen Landschaft sind gleichzeitig auch das Zentrum der buddhistischen Kultur im Marsyangdi-Tal. Unzählige Chörten, Klöster und Reihen von Gebetsfahnen zeugen von der tiefen Religiosität der aus Tibet eingewanderten Bhotia.

Richtig hoch hinaus geht es dann bei der Überschreitung des 5417 m hohen Thorung La. Dieser Pass ist die Schlüsseletappe der Runde. Selbst gut trainierten Berggängern wird hier durch ihre Atemfrequenz bewusst gemacht, dass sich die letztmögliche Übernachtungsstation, eine einfache Lodge oberhalb von Thorung Phedi, bereits auf Mont-Blanc-Höhe befindet.

Nach der anstrengenden Passüberschreitung bietet der sehenswerte Ort Muktinath einen guten Anlass für einen Entspannungstag. Der Tempelbereich in diesem Pilgerort ist gleichermaßen ein Ziel für Hindus und Buddhisten. Hier gibt es eine Wasserquelle, mit der gleichzeitig auch Erdgas ausströmt. Die angeblich seit Jahrtausenden brennende kleine Flamme ist von einem Tempel umschlossen und wird stets bewacht. Gegen ein geringes Entgelt darf sie aber besichtigt werden.

In Muktinath zeigt sich auch erstmals der Gipfel des Dhaulagiri. Seine weiße Gipfelpyramide bleibt auch während der nächsten Tage im sehr staubigen Kali-Gandaki-Tal richtungsweisend. Vorher führt der Weg aber noch entlang eines wüstenartigen Canyons hinab

In den traumhaft schönen Kiefernwäldern in der Nähe von Hongde.

nach Kagbeni, wo man endgültig den Windkanal des Kali-Gandaki-Tales betritt. Eingeweihte Trekker, ja selbst einige Einheimische, schützen sich gegen die bisweilen aggressiven sandaufwirbelnden Böen mit gut schließenden Taucher- oder Skibrillen. Grund für die spätestens um die Mittagszeit einsetzenden Unannehmlichkeiten sind die thermischen Ausgleichswinde, die fast täglich durch das tiefste Tal der Erde rauschen.
Der Ort Lete markiert schließlich das Ende der Staub- und Wüstenwelt. Mehr und mehr mischt sich wieder wohltuendes Grün in das Landschaftsbild.
In der Nähe von Lete erblickt man dann erstmals die »Spenderin des Überflusses«, den Gipfel der Annapurna I. Allerdings ist die erste zugleich auch die letzte Gelegenheit, diesen beeindruckenden Achttausender zu sehen, denn auf dem gesamten großen Rest dieser Runde verbirgt sich der Gipfel hinter anderen großen Bergen.
Spätestens in Tatopani befindet man sich wieder in einer blühenden Landschaft.
Der Rückmarsch durch die fruchtbaren Hügel des Vorgebirges setzt nochmals neue Akzente und führt durch eine dicht besiedelte Kulturlandschaft. Ein würdiger abschließender Höhepunkt der Reise ist die Besteigung des Poon Hill. Er bietet einen schönen Rückblick auf das durchwanderte Kali-Gandaki-Tal und den Dhaulagiri. Zusätzlich sieht man von hier die »Fischschwanz-Seite« des Machhapuchhare.

Beste Reisezeit
Oktober bis November und März bis Mai. Gelegentlich wird die Route aber auch in den Wintermonaten begangen. In manchen Jahren können winterliche Schlechtwettereinbrüche mit erheblichen Neuschneemengen jedoch die Überschreitung des Thorung La vereiteln.

Infrastruktur
Die Hauptroute ist lückenlos und in relativ kurzen Abständen durch mitunter sehr komfortable Lodges erschlossen. Also ein ideales Revier für Individualtrekker.
Die Strecke durch das Kali-Gandaki-Tal ist mittlerweile bis in die Nähe von Muktinath mit dem Jeep befahrbar. Betroffen sind die vier Etappen von Muktinath bis Tadopani.

Anforderungen
Die Schlüsseletappe ist der Thorung La. Dieser gletscherfreie Pass bietet keinerlei technische Schwierigkeiten. Viel Neuschnee und die damit verbundene Lawinengefahr können ihn allerdings unpassierbar machen.

Gebühren
Man benötigt ein Permit für die Annapurna Conservation Area, das man sich vorher in Pokhara oder Kathmandu besorgen muss. Die Gebühr beträgt ca. 20 €.

Die vom Morgenlicht bestrahlte Ostwand der Annapurna III, 7755 m, fotografiert vom Dach einer Lodge in Manang.

Die alte Festung in Manang. Links die Gangapurna, 7454 m, rechts im Hintergrund der Tilicho Peak, 7134 m.

Karge Bergkämme prägen die Landschaft um Muktinath.

Das Kloster Jhong in der Nähe von Muktinath.

Zwischen Muktinath und Kagbeni hat der Jhong Khola einen tiefen Canyon in die karge Landschaft gegraben.

Eine Pferdeherde auf dem Weg von Kagbeni nach Muktinath. In Bildmitte der Ort Jharkot.

Beim Abstieg vom Dhampus Col (Dhaulagiri-Runde) bietet sich ein idealer Blick auf das Tal des Kali Gandaki. Am Horizont in Bildmitte die Gipfel Yakawakang, 6482 m, und Khatung Kang, 6484 m, die den Thorung La einrahmen. Im Tal-Vordergrund die Apfelplantagen von Marpha. Folgt man mit den Augen dem Fluss talaufwärts, erkennt man Kagbeni (ganz links) und Teile Mustangs. Das Tal rechts führt hinauf zum Mesokantu La.

Eine fast unwirkliche Stimmung beim aussichtsreich gelegenen Dorf Tadapani in der Annapurna-Region. Die Gipfel der Annapurna Dakshin (Annapurna South), 7219 m, und des Hiunchuli, 6441 m, sind durch eine Wolke abgeschattet und so wird nur die umliegende Landschaft von der glühenden Morgensonne bestrahlt.

Bild Seite 167: Abendlicher Ausblick vom Poon Hill über das Tal des Kali Gandaki hinweg zu Dhaulagiri und Tukuche Peak, rechts die Gipfel des Nilgiri.

Poon Hill

Einer der schönsten Aussichtshügel im Lande

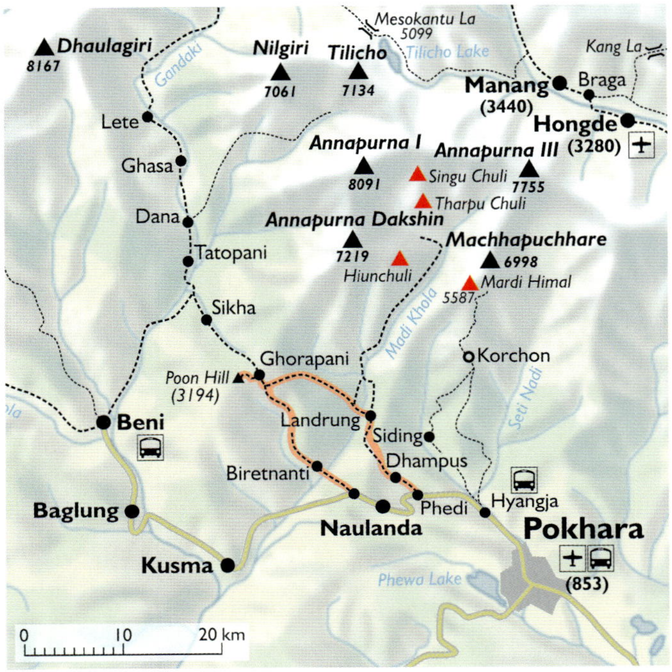

Der Weg zum Poon Hill gehört zu den beliebtesten kürzeren Trekkingrouten im von Touristen insgesamt recht häufig frequentierten Annapurna-Gebiet.

Wer mit relativ wenig Zeit und vergleichsweise geringen körperlichen Anstrengungen einen ersten – dafür aber sehr intensiven – Eindruck von Nepals grandiosen Berg- und Kulturlandschaften gewinnen will, der ist hier genau richtig.

Die Wanderung führt vorwiegend durch das ländliche Nepal mit den typischen Terrassen-Feldern und zahlreichen einladenden kleinen Hindudörfern, wo man einen guten Eindruck vom bäuerlichen Leben der sehr gastfreundlichen Bevölkerung gewinnt.

Zusätzliche Anreize für Naturliebhaber liefern ausgedehnte Wegabschnitte durch wunderschöne subtropische Wälder mit einer sehr artenreichen Pflanzenwelt. Aber auch Rhesusaffen und viele Vogelarten kann man hier beobachten.

Die spektakuläre Hintergrundkulisse bildet aber bereits vom ersten Tag an die mächtige Kette der Bergriesen. Immer wieder schieben sich die hohen, schneebedeckten Gipfel des Annapurna Himalaya ins Blickfeld und bilden einen stets aufs neue begeisternden Kontrast zum immergrünen Vordergrund der Hügellandschaft.

Nahezu formvollendet und markant zeigt sich aber vor allem der Machhapuchhare. Für die Volksgruppe der Gurung ist er der heiligste Berg in Nepal.

Den landschaftlichen Höhepunkt bietet natürlich der berühmte Poon Hill. Dieser Aussichtspunkt ist in etwa einer Stunde von Ghorapani durch eine problemlose Wanderung auf einem sehr gut angelegten Weg zu erreichen. Auf der begrasten Gipfelkuppe befindet sich ein Aussichtsturm, bei eventueller »Übervölkerung« seiner erhabenen Plattform kommen »Bodenständige« von der Wiese aus aber in den gleichen Genuss.

Die Hauptattraktion von hier ist die freie Sicht auf den Achttausender Dhaulagiri, der sich in erhabener Mächtigkeit jenseits der Talfurche des Kali Gandaki erhebt. Aber auch Annapurna Süd, Nilgiri und Machhapuchhare setzen sich von hier besonders eindrucksvoll in Szene. Ein unvergessliches Erlebnis bietet das Panorama in den glühenden Farben des Sonnenauf- bzw. Sonnenuntergangs.

Einsamkeitsliebhaber seien hier aber gewarnt: Wer als solcher zur Hauptsaison an diesen schönen Platz pilgert, kommt vielleicht zu dem Schluss, dass er zur falschen Zeit am richtigen Ort ist.

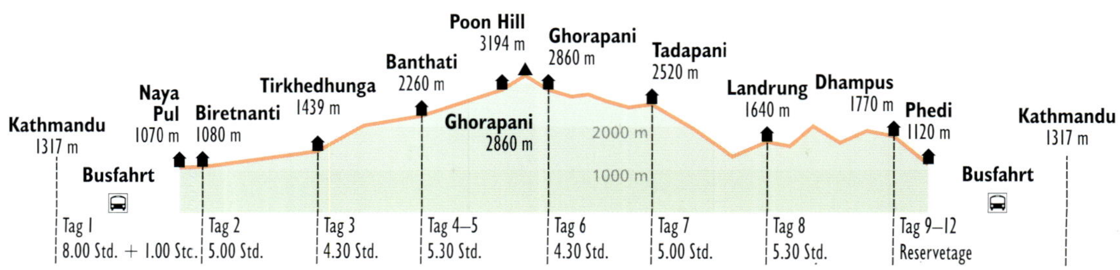

Beste Reisezeit
Oktober bis November und März bis Mai. Aber selbst in den etwas kühleren Wintermonaten ist die Route problemlos zu begehen (meist kein bzw. wenig Schnee). Die beste Fernsicht bietet sich im späten Herbst. Die zahlreichen Rhododendronarten an den Hängen des Poon Hill blühen meist zwischen März und April.

Infrastruktur
In nahezu allen Dörfern des Gebietes gibt es zahlreiche Lodges. Das Gebiet eignet sich ideal für Individualtrekker und bietet zahlreiche Variationsmöglichkeiten.

Anforderungen
Die Hauptroute führt über die häufig begangenen Verbindungswege.

Gebühren
Nationalparkgebühr für die Annapurna Conservation Area. Im Gegensatz zu anderen Nationalparks in Nepal, wo die Gebühr beim Eintritt bezahlt werden kann, ist das Eintrittsgeld in Pokhara oder Kathmandu zu entrichten (an den Kontrollstellen erheblich teurer und mit Umständen verbunden).
Die reguläre Gebühr beträgt ca. 20 €.

Mardi Himal – das andere Heiligtum

Auf Tuchfühlung mit dem Machhapuchhare

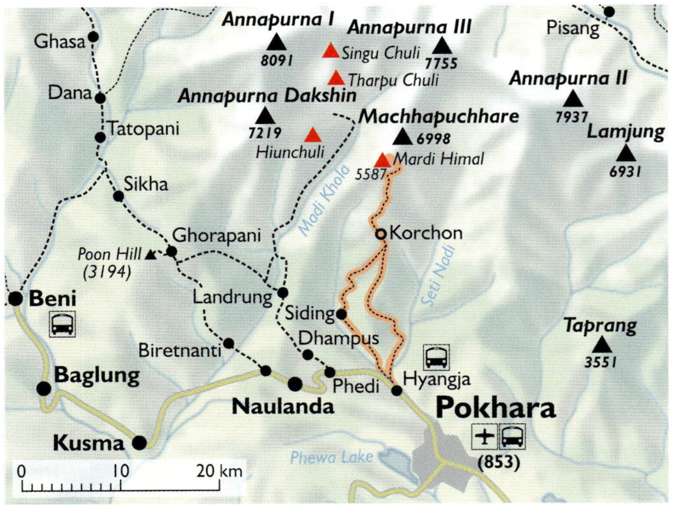

Der Weg zum sogenannten »anderen Heiligtum«, also an den Fuß des famosen Machhapuchhare wird nur sehr selten begangen, meistens in Verbindung mit einer Besteigung des technisch relativ einfachen Mardi Himal. Dieser 5587 m hohe Trekking Peak ist dem Machhapuchhare südwestlich vorgelagert und mit ihm über einen sich nur wenig absenkenden, zackenreichen Gratkamm verbunden.

Ein Grund, dass man die Tour fast nicht im Angebot professioneller Trekking-Agenturen findet, mag vielleicht die schwierige Logistik sein. Besonders in den Herbstmonaten ist das Auffinden einer brauchbaren Wasserstelle oberhalb der Waldgrenze nämlich nicht ganz einfach. Die Route führt fast durchgehend über den Scheitel des langen Kammes, der vom Sockel des Machhapuchhare weitere 4000 Höhenmeter nach Süden hinabzieht. Im mittleren Teil des im Herbst meist ausgetrockneten Grasrückens muss oft weit in die Flanken abgestiegen werden, um das kostbare Nass aufzuspüren.

Der exponierte Verlauf des Aufstiegsweges – am Gratscheitel – ist aber auch eines der herausragenden Merkmale dieser Tour. Hat man den schönen Urwaldsockel erst einmal unter sich gebracht, gibt es nach drei Himmelsrichtungen eine prächtige, ungehinderte Aussicht: Im Westen zeigt sich die Annapurna Süd, der Hiunchuli sowie die Südwand der Annapurna I, im Osten blicken wir zu den Annapurna-Gipfeln II und IV, zum Lamjung Himalaya, Himalchuli und Ngadi Chuli, im Süden schauen wir auf die grünen Waldgipfel der Vorberge und häufig auf ein Nebelmeer, das sich erst in der Gangesebene mit dem Horizont verbindet, nur im Norden – also in Gehrichtung – reckt sich in unmittelbarer Nähe das spitze Horn des Machhapuchhare bis in eine Höhe von 6998 m in den Himmel. Von Westen gesehen erinnert der Berg an einen Fisch, dessen Kopf in der Erde steckt und dessen Schwanzflossen senkrecht nach oben zeigen. Dies hat ihm auch den Namen Fishtail (Fischschwanz) eingebracht.

Der sehr große Höhenunterschied auf relativ kurzer Entfernung erfordert aber auch Selbstdisziplin bei der Planung dieser Unternehmung. Zur ausreichenden Akklimatisation ist es erforderlich, die Tour mit eher kurzen Tagesetappen zu gestalten.

Nimmt man das aber in Kauf, so erschließt sich einem hier ein grandioses und fast unberührtes Stück Wildnis direkt vor den Toren Pokharas.

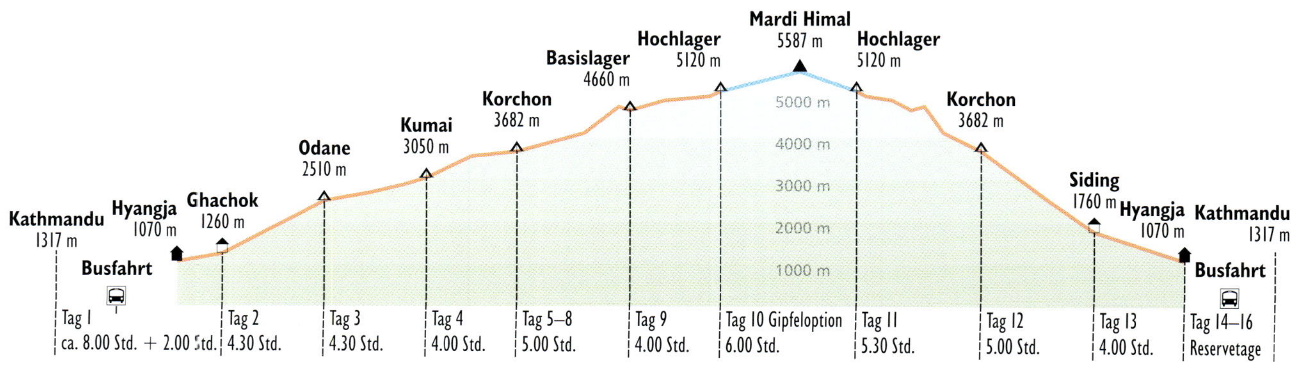

Der Blick von der Alm Korchon, 3682 m, nach Süden. Unter dem Nebelmeer liegt Pokhara.

Stimmungsvolle abendliche Ausblicke vom Mardi-Basislager:

Westansicht des Himalchuli, 7893 m.

Das letzte Abendlicht gibt dem Ngadi Chuli, 7871 m, ein feuriges Ambiente.

Beste Reisezeit

Oktober bis November und März bis Mai. Sieht man von dem Problem der Wasserversorgung ab, bietet der Herbst für die Besteigung des Mardi-Gipfels meist bessere Bedingungen.

Infrastruktur

Auf dem gesamten Weg über den Kammverlauf gibt es keinerlei Infrastruktur. Die in vielen Karten eingetragene Örtlichkeit Korchon ist ein meist verlassener Hirtenunterschlupf. Die Route sollte nur im organisierten Stil, also mit Trägern, Zelten usw. begangen werden. Wichtig ist vor allem ein Führer, der wegen des Wasserproblems über genaue Ortskenntnis verfügen sollte.

Anforderungen

Beim Weg zum Basislager erfordern schmale Pfadspuren über teilweise steile Gras- und Schrofenhänge etwas Trittsicherheit. Die Besteigung des Mardi-Gipfels erfordert alpine Ausrüstung. Der Anstieg führt durch eine ca. 45° steile Schutt- und Schneerinne.

Gebühren

Permit für die Annapurna Conservation Area ca. 20 €. Für die Gipfelbesteigung ist ein Climbing Permit erforderlich. Siehe auch Kapitel Trekking Peaks (Seite 224).

Mondaufgang über dem Gipfel des Lamjung, 6931 m.

Mustang

Ein Hauch von Tibet

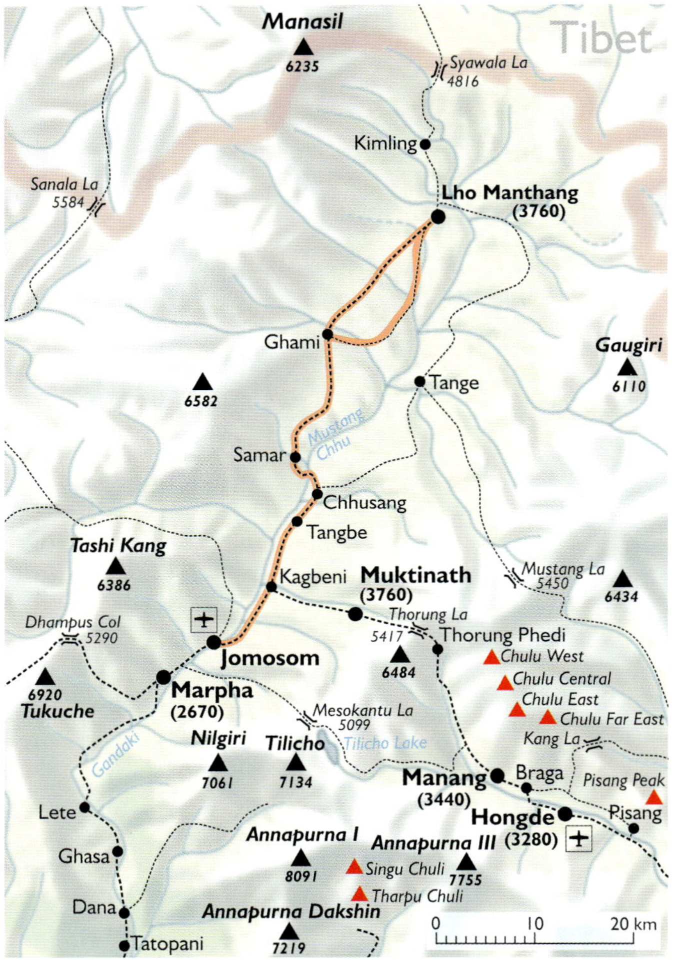

Mustang, eigentlich »Upper Mustang«, das ist der nördlichste Teil des gewaltigen Kali-Gandaki-Tales und auch das regenarme Ursprungsgebiet des gleichnamigen Flusses.

Nördlich des Ortes Kagbeni trägt dieser Fluss den Namen Mustang Chhu, er wird vor allem durch die großen Gletscher gespeist, die das Gebiet im Westen und Osten begrenzen. Das Land selbst ist fast wüstenhaft trocken und reicht wie eine große, hufeisenförmige Bucht in das Hochland von Tibet hinein. Die Region besticht vor allem durch die bizarren Felsformationen und fast mystisch anmutenden Canyons.

Eine weitere Eigenart ist die religiöse Kultur der Bewohner. Besondere Tradition hat hier der Ngor-Sakya-Buddhismus, eine eigene Spielform des tibetischen Lamaismus.

Bis 1992 war Mustang – auch Fürstentum Lo genannt – ein »verbotenes Reich«. Ausländer durften – von wenigen Ausnahmen abgesehen – die karge Landschaft nicht betreten. Heute fragt man sich, zumindest als Normalsterblicher, ob es sich angesichts der horrenden Eintrittspreise nicht von selbst verbietet, diesen Landstrich zu besuchen.

Die etwa 5000 Bewohner des Landes nennt man Lopa, sie leben hier unter sehr harten Bedingungen. Neben ihrem hauptsächlichen Broterwerb – Viehzucht und Ackerbau – haben diese sehr freundlichen Menschen versucht, auch eine gewisse Infrastruktur für Touristen aufzubauen. Erfolge stellen sich aber nur sehr schleppend ein und so gibt es unter den Lopa leider eine deutliche Tendenz, ihr raues und armes Gebiet zu verlassen. Dies vor allem in der Hoffnung, an einem anderen Ort in Nepal ein besseres und leichteres Leben aufbauen zu können. Unter diesem Aspekt wird die hohe, mit dem Argument des »Kulturschutzes« von der Regierung erhobene Eintrittsgebühr zumindest sehr fragwürdig.

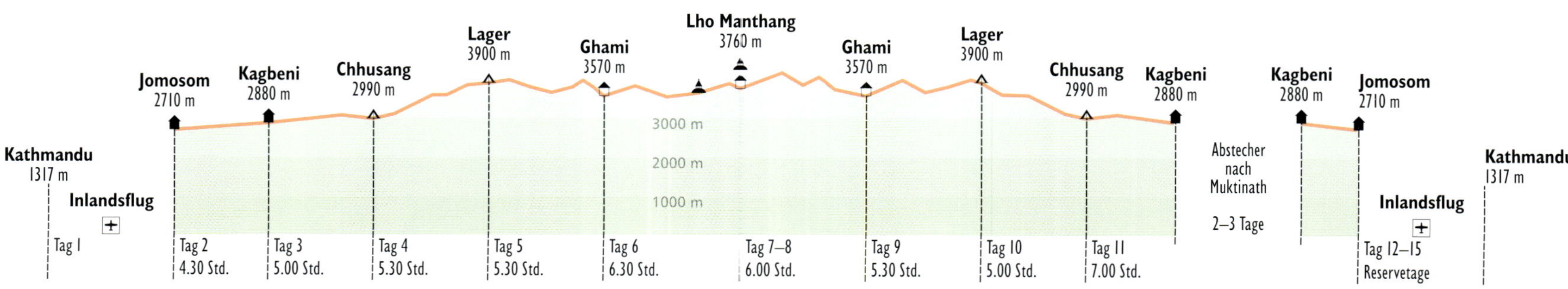

Kagbeni ist die Eingangspforte zu »Upper Mustang«. Das Gebiet unmittelbar hinter dem Ortsrand ist »Restricted Area« und darf nur in Begleitung eines Verbindungsoffiziers betreten werden. Der Fluss in der Bildmitte heißt Mustang Chhu, ab Kagbeni talabwärts wird er jedoch Kali Gandaki genannt.

Blick aus der Nähe des Dhampus Col (Dhaulagiri-Gebiet) in die karge Welt von »Upper Mustang«. Die Berge am Horizont gehören teilweise bereits zu Tibet.

Reisezeit

Da Mustang nördlich des Hauptkammes im Monsun-Schatten liegt, kann man die Reise im Prinzip ganzjährig unternehmen. Während der Sommermonsunzeit sollte man aber in Jomoson starten. Trotz der nördlichen Lage und des allgemein trockenen Klimas gibt es aber auch hier keine hundertprozentige Wettergarantie.

In den Wintermonaten ist es meist sehr kalt, zudem auch ziemlich menschenleer, da die Bewohner den Winter meist in tieferen Lagen verbringen.

Infrastruktur

Diese Route darf nur mit einer von der Regierung legitimierten Trekking-Organisation durchgeführt werden. Für Individualtrekker ist Mustang immer noch eine verbotene Zone. Daher hat man keine andere Möglichkeit als die organisierte Trekkingform mit Zelten und Begleitmannschaft zu wählen.

Anforderungen

Der Inlandsflug nach Jomosom bringt uns bereits am Startpunkt in relativ große Höhe. Je nach persönlichem Wohlbefinden sollte man daher die Tour etwas gemütlicher angehen lassen. Die Wege nach Mustang bieten im Allgemeinen keine besonderen technischen Schwierigkeiten.

Varianten

Wer über ausreichend Zeit verfügt, kann diese Route mit dem lohnenden Abstecher zum Pilgerort Muktinath verbinden. Der Mehraufwand beträgt etwa 2 bis 3 Tage.

Plant man diese Reise nicht gerade in den verregneten Monsun-Monaten, bietet sich natürlich auch an, die Tour in Naya Phul oder Phedi, also in der Nähe von Pokhara zu beginnen.

In diesem Fall benutzt man Teilstrecken der klassischen Annapurna-Runde und bereichert so die Route vor allem mit subtropischen Akzenten und grünen Wald- und Kulturlandschaften. Bis Jomosom benötigt man je nach Variante zusätzlich etwa 6 bis 8 Tage.

Gebühren

Die Tour darf nur unter Einschaltung einer registrierten nepalesischen Trekking-Agentur durchgeführt werden, zusätzlich muss ein Verbindungsoffizier auf die Tour mitgenommen werden.

Die Gebühren betragen derzeit (2008) ca. 460 € je Person.

Dafür darf man maximal 10 Tage bleiben. Jeder zusätzliche Tag kostet dann pro Person weitere 45 €. Hinzu kommt noch die einmalige Gebühr in Höhe von ca. 20 € für das Annapurna-Gebiet.

Langtang Himalaya

Vom Langtang-Tal über den Ganja La ins Helambu

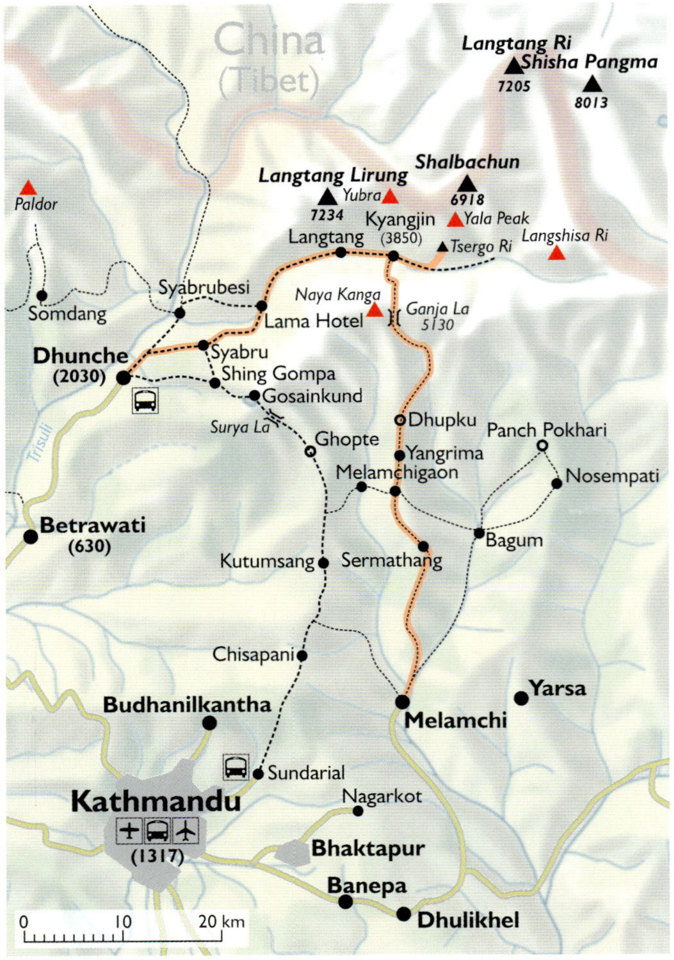

Das Langtang-Tal gilt als klassisches Trekkinggebiet unweit der Hauptstadt Kathmandu. Neben dem Annapurna-Gebiet und dem Khumbu mit dem Mount Everest steht es an dritter Stelle in der Gunst aller wandernden Nepalreisenden.

Ein Grund dafür mag wohl die gute Infrastruktur des Tales sein, die bis weit in die Hochlagen reicht, ein anderer ist die beeindruckende tibetische Kultur der hier lebenden Tamang. Eines der wichtigsten Motive, diese Region zu besuchen, ist aber gewiss die Attraktivität der Landschaft. Blickt man aus den Bilderbuchwäldern des Langtang-Nationalparks auf die eisgepanzerten Südabstürze der Langtang-Berge, wird sofort deutlich, warum dieses Gebiet seine Besucher auch ohne den Superlativ eines Achttausenders beeindrucken kann. Streng genommen müsste man zwar den Shisha Pangma ebenfalls zum Langtang Himalaya zählen, doch verbirgt sich dieser »niedrigste« und bereits in Tibet gelegene Achttausender meist hinter den ihm vorgelagerten Eisriesen und zeigt sein Antlitz daher nur an ganz wenigen Aussichtspunkten.

Der Schlüssel der vorgestellten Route ist die Überschreitung des anspruchsvollen Ganja-La-Passes. Vorher sollte man aber unbedingt die Spezialitäten der – nach Schweizer Vorbild geführten – Käserei in Kyangjin versuchen oder zur Akklimatisation den technisch problemlosen Gipfel des Fast-Fünftausenders Tsergo Ri besteigen.

Für gute Bergsteiger bieten sich hier aber auch noch die Trekking Peaks Yubra, Yala Peak und natürlich der Naya Kanga (direkt über dem Pass) für eine Besteigung an.

Ein weiterer Glanzpunkt sind die sehr formschönen Gipfel des östlich angrenzenden

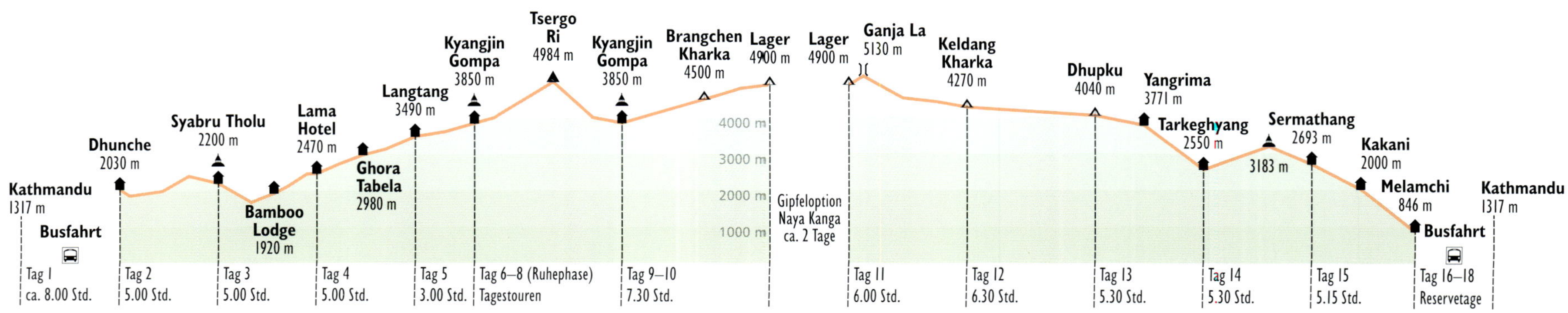

Vorherige Seite: Fast unvermittelt öffnet sich nach der Lama Lodge der Blick aus der Urwaldregion zum Gipfel des Langtang Lirung, 7234 m. Ganz links der Langtang II, 6571 m.

Yaks auf den Weiden bei Kyangjin. Im Hintergrund die Westwand des Ganchenpo, 6387 m.

Ein mühsames Unterfangen, das Pflügen der steilen und steinigen Felder unterhalb von Syabru Tholu.

In den Hochlagen des oberen Langtang-Tales sind Ziegen ein dankbares und häufig gehaltenes Nutztier, ähnlich wie Yaks begnügen auch sie sich mit sehr kargen Weideflächen.

Die Gompa von Kyangjin.

Kyangjin, der oberste Ort im Langtang-Tal ist mit zahlreichen recht komfortablen Lodges ausgestattet. Im Hintergrund der Langtang Lirung, 7234 m, und der Kimshun, 6745 m.

Jugal Himalaya. Besonders nach der Überschreitung des Ganja La bietet der lange Weg über den folgenden Bergrücken immer wieder eindrucksvolle Einblicke in die wenig erschlossene Region dieser beinahe 7000 m hohen Eisriesen.

Beste Reisezeit
Oktober bis November und März bis Mai. Wer nur im unteren Langtang-Tal trekken möchte, findet meist auch in den Wintermonaten passable Bedingungen vor.

Infrastruktur
Bis ins obere Langtang-Tal (Kyangjin) ist das Gebiet sehr gut mit Lodges ausgestattet und eignet sich auch bestens für Individualtrekker. Die Überschreitung des Ganja La ist nur mit Zelten und Trägern zu empfehlen.

Anforderungen
Die Überschreitung des Ganja La ist relativ anspruchsvoll, erfordert Trittsicherheit und alpine Erfahrung.
Die Wege im Langtang-Tal und im Helambu sind bei normalen Bedingungen für geübte Wanderer ohne besondere Probleme zu bewältigen.

Nationalpark-Eintritt
Langtang-Nationalpark ca. 10 €.

Gosainkund und Helambu

Von den heiligen Seen bis vor die Tore Kathmandus

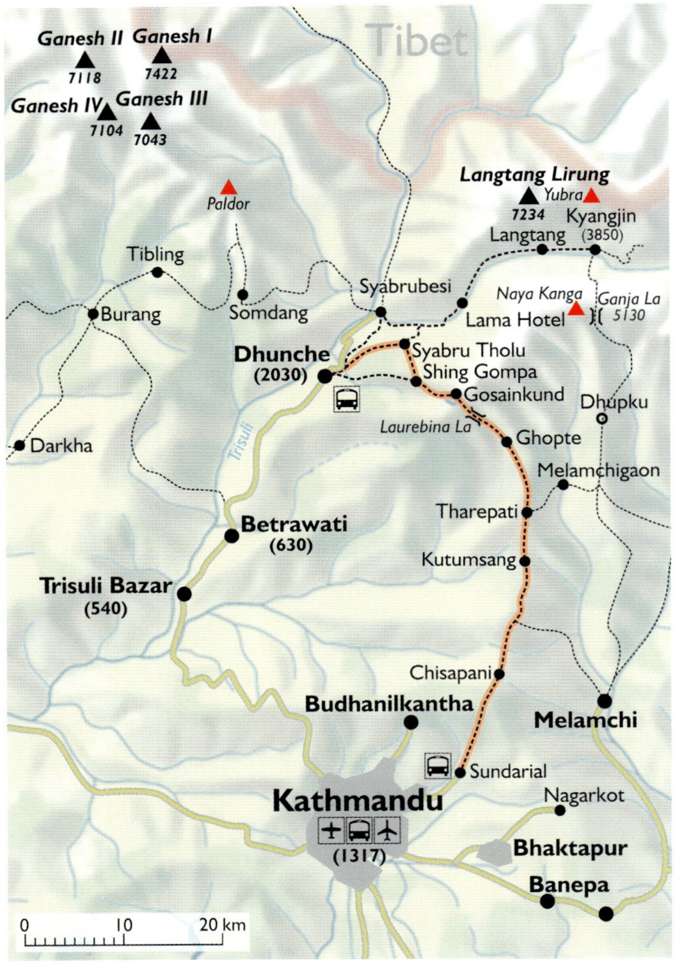

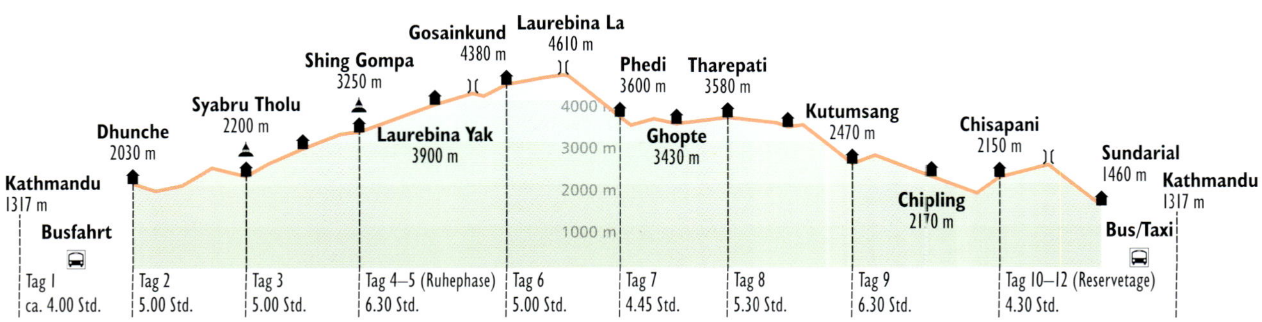

Das Helambu und die Seen von Gosainkund bieten für »Trekking-Novizen« gute Möglichkeiten, sich eine Schnupper-Route zusammenzustellen, die einerseits keine besonders anspruchsvollen Wegabschnitte enthält, aber andererseits bereits einige hochalpine Akzente setzt.

Man bewegt sich hier zunächst im Siedlungsgebiet der Tamang, jenseits des Laurebina La treffen wir dann auf die Sherpadörfer im Helambu. Beide Volksgruppen sind Repräsentanten der tibetischen Kultur, die sich hier durch zahlreiche kleine Klöster und religiöse Bauwerke manifestiert hat.

Auf welcher Seite des Passes man die Route beginnt, ist reine Geschmackssache. Begeht man sie in der hier vorgeschlagenen Richtung, so sollte aus Gründen der Akklimatisation nicht zu schnell vorgegangen werden. Dies fällt einem auch nicht besonders schwer, bedenkt man die schönen Wegabschnitte durch die Märchenwälder oberhalb von Syabru Tholu – wo man sich über eine Begegnung mit Tom Bombadil aus Tolkiens »Herr der Ringe« kaum wundern würde – und die sehr attraktive Aussicht, die der stetig ansteigende Weg bis zu den Seen von Gosainkund bietet. An klaren Tagen reicht der Blick hier von den Eisriesen der Langtang-Gruppe im Nahbereich über die Gipfel des Ganesh Himalaya bis hin zum Manaslu und den Annapurna-Gipfeln im Westen.

Die Seen von Gosainkund sind im August das Ziel zahlreicher Pilger, die hier ein Fest zu Ehren Shivas feiern. Von hier geht es hinauf zum höchsten Punkt der Route, dem Laurebina La. Wer gut in Form ist, sollte noch den namenlosen Aussichtsgipfel südlich des Passes besteigen. Die etwa zweistündigen Anstiegsmühen in weglosem Gelände werden mit einer großzügigen Aussicht auf ein Meer von Schneebergen belohnt, das solch namhafte Gipfel wie den Mount Everest und den Gauri Shankar mit einschließt. Nach dem Abstieg vom Pass folgt dann eine entspannte, mehrtägige Wanderung durch die beschauliche, grüne Kulturlandschaft der Helambu-Sherpa und über den Berg Shivapuri (Nationalpark) bis hinaus vor die Tore Kathmandus. Der Himalaya bietet dabei immer wieder eine spektakuläre Hintergrundkulisse.

Freundliche Wirtsleute in einer Lodge in Tharepati.

Rückblick von Laurebina Yak über den Aufstiegsweg hinweg zu den Gipfeln des Ganesh Himalaya (Ganesh I – Ganesh VII). Ganesh heißt Elefant, den höchsten Punkt des »Elefantenhimalaya« bildet der Ganesh I, 7406 m. Am Horizont sind im Dunst gerade noch Himalchuli, 7893 m, Ngadi Chuli, 7871 m, und Manaslu, 8163 m, zu erkennen.

Der Gipfel des Ganesh V, 6950 m, von Syabru Tholu gesehen. Mit etwas Fantasie kann man einen Kopf der namensgebenden Dickhäuter erkennen.

Am Gosainkundsee.

Rhododendron-Sträucher bei Kutumsang.

Märchenhafter Rhododendronwald in der Nähe von Shing Gompa.

Beste Reisezeit

Oktober bis November und März bis Mai. Wer nur in den tieferen Lagen des Helambu trekken möchte, kann dies auch während der Wintermonate tun.

Infrastruktur

Das gesamte Gebiet ist sehr gut mit Lodges erschlossen und eignet sich hervorragend für Individualtrekker. Die längste Etappe ist die Überschreitung des Laurebina La. Bei guter Akklimatisation ist diese aber problemlos in einem Tag zu bewältigen.

Anforderungen

Die Überschreitung des Laurebina La führt bereits in eine beträchtliche Höhe. Technische Schwierigkeiten sind hier bei normalen Verhältnissen nicht zu erwarten (bei Vereisung stellenweise etwas heikel).

Hinweise

Die Route eignet sich auch als Erweiterung bzw. als sehr lohnende Variante zum Langtang-Trekking, dies vor allem dann, wenn etwa der Ganja La wegen großer Neuschneemengen unpassierbar ist.

Nationalpark-Eintritt

Langtang-Nationalpark ca. 10 €.
Shivapuri-Nationalpark ca. 3 €.

Rolwaling Himalaya

Über den gefährlichen Trashi Labtsa ins Khumbu

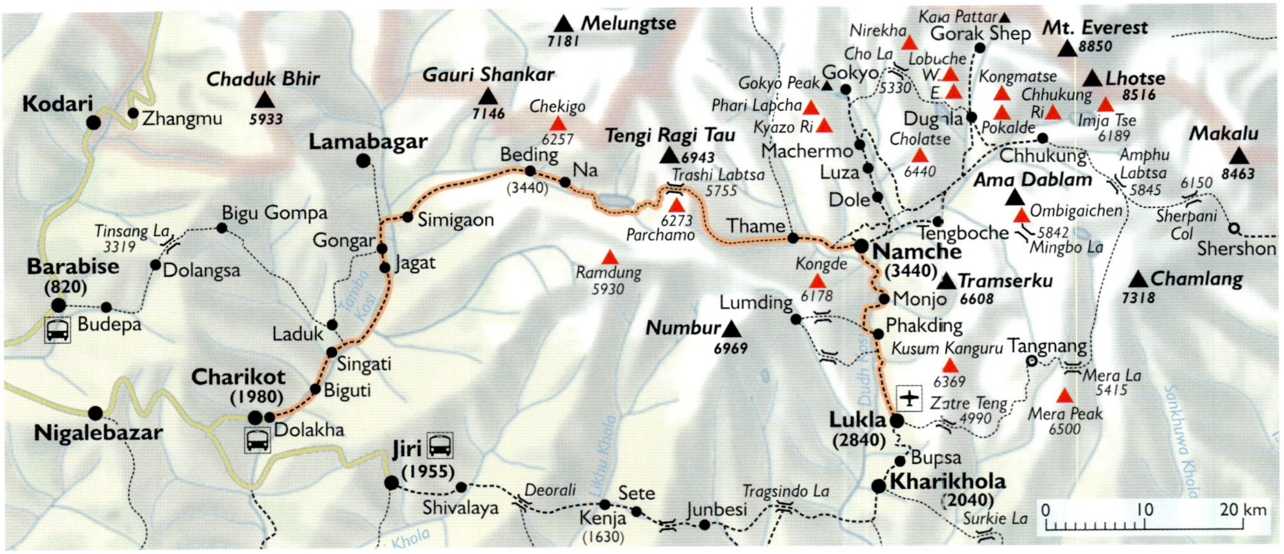

Um es gleich vorweg zu sagen, die Route vom Rolwaling über den Trashi Labtsa ins Khumbu ist nicht ganz ohne Gefahren. Grund dieser Unwägbarkeiten sind vor allem der drohende Steinschlag in den Moränen des Trakarding-Gletschers und der ostseitige Abstieg vom Trashi Labtsa durch eine objektiv gefährdete Schutt-Schnee-Rinne. Zwar ist der Weg über den Trakarding-Gletscher durch eine neue Routenführung entlang der Südseite des Gletschersees Tsho Rolpa einigermaßen entschärft, es bleibt aber immer noch der von Steinschlag bedrohte Abstieg zur Khumbu-Seite, durch die bereits erwähnte Rinne. Durch dieses »Kanonenrohr« poltert fast jeder Stein, der sich während der Tageserwärmung in der Südostwand des Tengi Ragi Tau löst. Leider haben sich hier schon einige tödliche Unfälle ereignet. Ohne an dieser Stelle den »besser wissenden« Zeigefinger zu heben, muss aber auch erwähnt werden, dass sich diese Unfälle meist in den Nachmittagsstunden ereignet haben. Verantwortbar ist dieser Abstieg aber eigentlich nur in den kühlen Morgenstunden, solange der Frost die Gefahr weitgehend bannt.

Für den, der sich jetzt dennoch für diese Tour interessiert, und das sollten eigentlich nur versierte Alpinisten sein, nun auch die positiven Seiten dieser Unternehmung. Das grandiose Erlebnis eines stillen und wilden Winkels im Himalaya ist hier garantiert. Den eher gemütlichen Auftakt bildet das subtropische Tal des Tamba Kosi. Hier präsentiert sich einem ein touristisch vergleichsweise

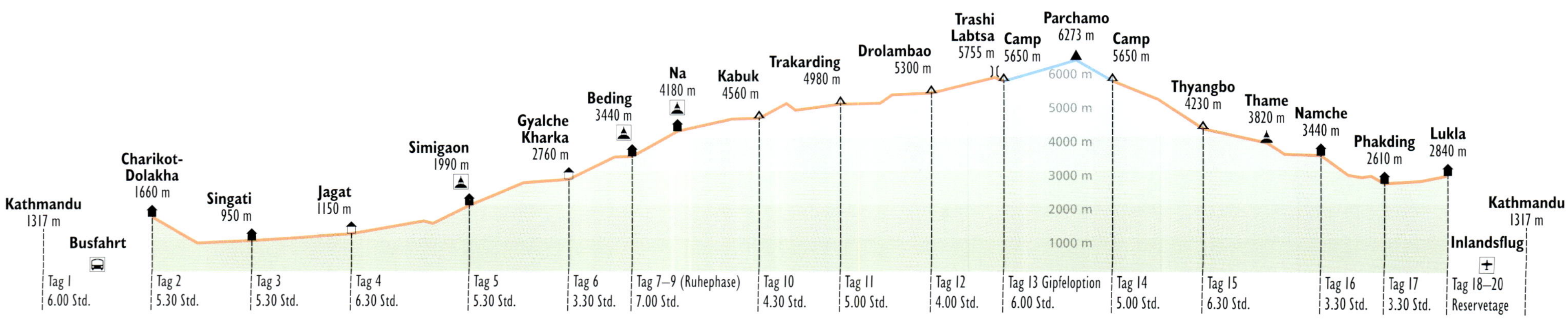

Bereits vom unteren Tamba-Kosi-Tal sieht man die gewaltige Südwand des Gauri Shankar, 7146 m.

Das Sherpadorf Beding, der Hauptort des Rolwaling-Tales, im Vordergrund der Rolwaling Khola.

wenig erschlossenes Vorgebirge von großer landschaftlicher Schönheit. Man erlebt hier einen steten Wechsel von kleinen gemütlichen Dörfern mit steilen Terrassenfeldern und engen schluchtartigen Abschnitten, wo Wasserfälle über begrünte Felsflanken herabstürzen und die dschungelartige Vegetation das Herz vieler Naturfreunde höher schlagen lässt. Mit dem Aufstieg nach Simigaon verlässt man den Talgrund des Tamba Kosi und kommt während des weiteren Aufstiegs nach Beding relativ rasch in eine rauere, montane Region.

Beding ist der Hauptort des Rolwaling-Tales und wird von Sherpa bewohnt, die dieses Hochtal einst über den Trashi Labtsa kommend besiedelt haben. Die kleine Dorfgemeinschaft hat viele erfolgreiche Höhenbergsteiger hervorgebracht, nicht wenige von ihnen standen als Expeditionsbegleiter oder auch aus eigenem alpinistischem Antrieb bereits mehrfach auf dem Gipfel des Mount Everest.

Etwas oberhalb von Beding bildet die Sommersiedlung Na den letzten Stützpunkt vor der folgenden menschenfeindlichen, aber faszinierenden Welt der Gletscher.

Eine unberechenbare »Zeitbombe« für das Tal bildet der noch weiter talaufwärts gelegene Gletschersee Tsho Rolpa. Aufgrund der topografischen Gegebenheiten hat er

Der Gletschersee Tsho Rolpa mit seinen labilen Randmoränen. Im Hintergrund der Kang Nachugo, 6735 m.

einen bedrohlich hohen Wasserstand erreicht und ein unkontrollierter Ausbruch kann daher nicht ganz ausgeschlossen werden. Eine Schutzmaßnahme ist die improvisierte Überlaufschleuse am Ausfluss des Sees. Zudem existiert ein einfaches Frühwarnsystem durch solarbetriebene Funk-Bewegungsmelder in den gefährdeten Moränenwällen. Diese lösen bei Veränderungen einen Alarm in den Talsiedlungen aus und sollen so das Schlimmste für die hier lebenden Menschen verhindern.

Mit dem Erreichen dieses Gletschersees beginnt aber auch der Wegabschnitt durch eine erhabene, menschenleere Hochregion.

Bevor man jedoch seine mentalen Höhepunkte in dieser Urlandschaft erleben darf, muss man sich diese zunächst durch die eher körperlichen Erfahrungen mit dem Trakarding-Gletscher erarbeiten. Ein ermüdendes Bergauf-Bergab durch das endlos wirkende Labyrinth dieses »aufgewühlten« und von losem Schutt bedeckten Gletschers führt zum großen Eisbruch des Drolambao-Gletschers. Ist dieser aber erst erreicht, ist die schlimmste Schinderei vorbei.

Früher war dieser Wall meist nur mit Eiskletterei zu überwinden. Heute ist es bei guten Verhältnissen auch möglich, den oberen Gletscher durch mäßig schwierige Felskletterei zu erreichen. Eröffnet hat sich diese Variante durch die immer mehr ausapernden Felsen in dieser Steilstufe. Oberhalb wird das Gelände wieder einfacher und ist zur Passhöhe hin durch eine angenehme Firnauflage auch meist deutlich bequemer zu begehen.

Die Passhöhe selbst bietet einen überwältigenden Blick in den Talkessel von Namche und die ihn umrahmenden Berge. Besonders eindrucksvoll zeigen sich von hier vor allem die Gipfel Tramserku, Kyashar und Kusum Kanguru sowie der mächtige Bergwall, der das Tal von Thame mit eindrucksvollen, schattigen, ca. 2000 m hohen Wänden nach Süden begrenzt.

Eine noch spektakulärere Aussicht bietet aber der Gipfel des Parchamo, dessen Besteigung sich mit dieser Route in idealer Weise verbinden lässt (siehe Kapitel Trekking Peaks, Seite 238).

Der Abstieg auf die Khumbu-Seite erfordert dann noch einmal Konzentration und aufgrund der objektiven Gefahren ein bedächtiges Vorgehen (hier gilt: je früher am Tag, umso besser). Hat man die gefährliche Rinne erst hinter und über sich gelassen, folgt ein gefahrloser und abwechslungsreicher Abstieg talauswärts Richtung Namche.

Ein kultureller Höhepunkt am Weg ist dabei der Besuch des berühmten Klosters Thame, der kulinarische Höhepunkt ist aber für viele die Schokoladentorte oder der Apfelstrudel in der »German Bakery« von Namche, andere empfinden diesen quirligen Hauptort des Khumbu mit Internetcafés, Disco, Sauna und Tibetermarkt – im Vergleich zur Einsamkeit des Rolwaling-Tales – fast wie einen »Zivilisationsschock«.

Am Lagerplatz Kabuk neben dem Gletschersee Tsho Rolpa, im Hintergrund die mächtigen Gipfel des Pigpherago Shar, 6729 m (links), und des Pigpherago Nup, 6666 m (rechts).

Beste Reisezeit

Oktober bis November und April bis Mai.

Infrastruktur

Kein Gebiet für Individualtrekker. Ab Na gibt es keine Lodges mehr. Die organisierte Form mit Sirdar, Zelten und Trägern ist für die Passüberschreitung obligatorisch.

Anforderungen

Nur für Bergsteiger mit solider Hochtourenerfahrung und entsprechender Ausrüstung. Die Schlüsselstelle ist der Eisbruch zwischen Trakarding- und Drolambao-Gletscher. Je nach Verhältnissen und Routenführung ist hier mäßig schwierige Fels- bzw. Eiskletterei erforderlich (Fixseile für Träger).
Das Gesamtunternehmen ist objektiv nicht ungefährlich.

Hinweise

Man kann die Tour auch gut vom Arniko Highway aus (Barabise) starten und verlängert so den beschaulichen »grünen« Anteil der Strecke. Eine selten durchgeführte, aber lohnende Anmarschvariante ist die Überschreitung des Yalung La.

Gebühren

Sagarmatha-Nationalpark ca. 12 €.
Parchamo ca. 250 € für bis zu 4 Teilnehmer.

In den Felsstufen am Drolambao-Eisbruch müssen Fixseile für die Träger angebracht werden. Noch vor wenigen Jahren waren diese Felsen komplett vom Gletschereis bedeckt.

Rast unter dem letzten Steilaufschwung des Eisbruchs. Bei ortskundiger Wegwahl und guten Verhältnissen lassen sich die Eiskaskaden durch eine schuttige Steilrinne umgehen.

Die mit Gebetsfähnchen geschmückte Passhöhe des Trashi Labtsa, 5755 m. Rechts der Tengi Ragi Tau (Angole), 6943 m.

Der Aufstieg zum Trashi Labtsa führt teilweise über eisdurchsetzten Schutt.
Unten der Drolambao-Gletscher, im Hintergrund der Dragker Go, 6793 m.

Von Barabise zum Tamba Kosi

Ursprüngliche Kulturlandschaft am Fuß des Gauri Shankar

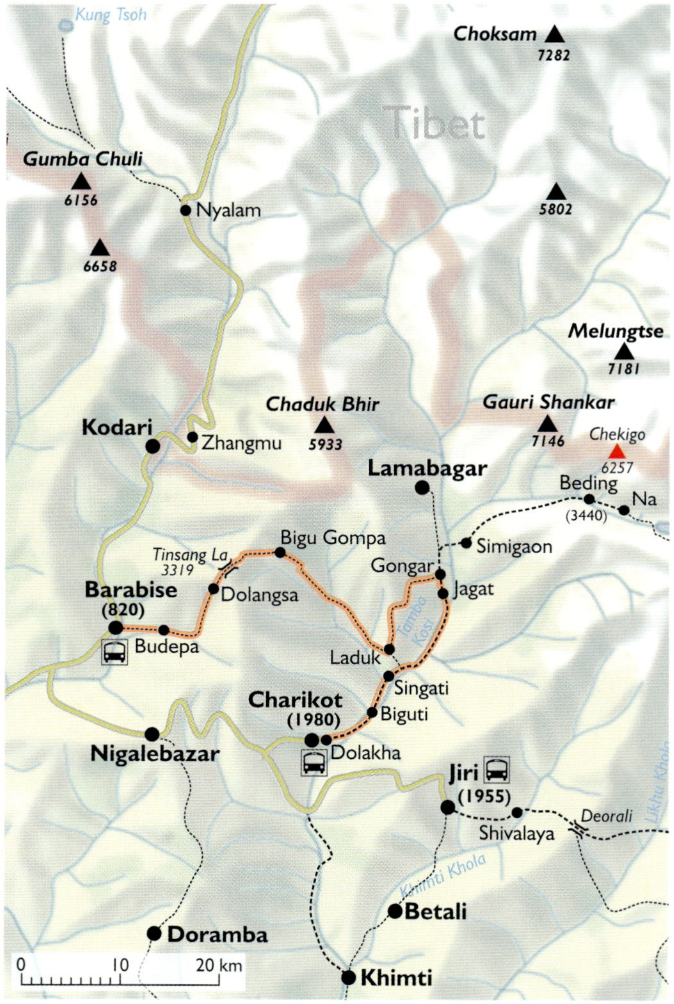

Diese vergleichsweise wenig begangene Route führt vom Arniko Highway – das ist Nepals einzige Straßenverbindung nach Tibet – in das sehr romantische Tal des Tamba Kosi. Es handelt sich hier um einen noch sehr ursprünglichen Winkel Nepals, in dem die Versorgung mit Coca-Cola nicht durchgehend zugesichert werden kann.

Man wandelt hier auf traumhaft schönen Pfaden durch Reisterrassen und über den aussichtsreichen Tinsang La in den »Garten des unsterblichen Glücks«, so lautet nämlich die Übersetzung von Bigu Gompa. Kastenlose haben zu diesem Nonnenkloster aber leider keinen Zutritt und so müssen sich die meisten Trekker mit dem vergänglichen Glück des Klostergartens und der Erinnerung an eine wunderschöne Reise zufrieden geben. In den nachfolgenden Tagen trösten aber traumhafte Ausblicke zum Gauri Shankar und der Weg durch die wilden Schluchten des Tamba-Kosi-Tals über das vorläufig noch versäumte »Nirwana« hinweg.

Beste Reisezeit

Oktober bis Mai. Von Dezember bis Februar ist Schnee auf dem Tinsang La aber nicht ganz auszuschließen. Die beste Fernsicht, mildes und regenfreies Wetter bietet meist der November. Wer dagegen im Frühling kommt, also zwischen Ende März und Anfang Mai, der erlebt neben vereinzelten kurzen Regenschauern auch die Blütenpracht des Rhododendronwaldes und verschiedenster Orchideenarten.

Infrastruktur

Über weite Strecken finden sich nur sehr wenige und einfache Unterkunftsmöglichkeiten. Es empfiehlt sich daher ein organisiertes Zelttrekking mit Trägern und Küchenmannschaft.

Anforderungen

Die Pfade sind teilweise etwas schmal und unbequem, bergen für geübte Wanderer aber keine besonderen Schwierigkeiten.

Hinweise

Die Unternehmung lässt sich ab Gongar auch gut bis ins hochalpine obere Rolwaling-Tal fortsetzen. Will man dabei den gefährlichen Trashi Labtsa nicht überschreiten, so ist der hoch gelegene Ort Na ein sehenswerter Umkehrpunkt.

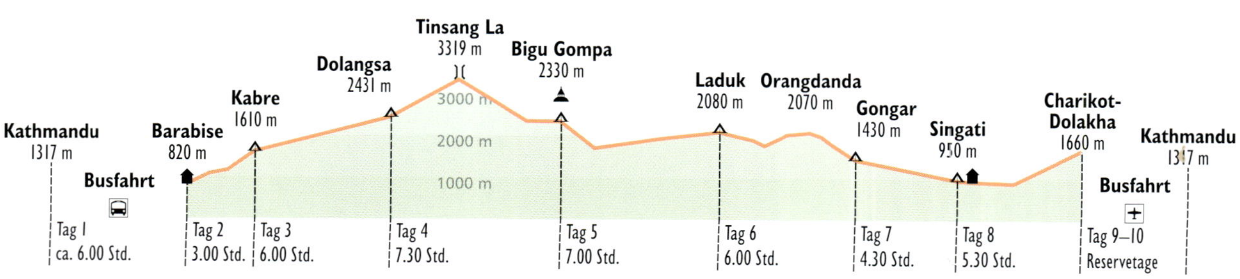

Erntereife Reisfelder im subtropischen Teil des Tamba-Kosi-Tals.

Bergauf, bergab ins Khumbu

Über grüne Pässe ins Land der Sherpa

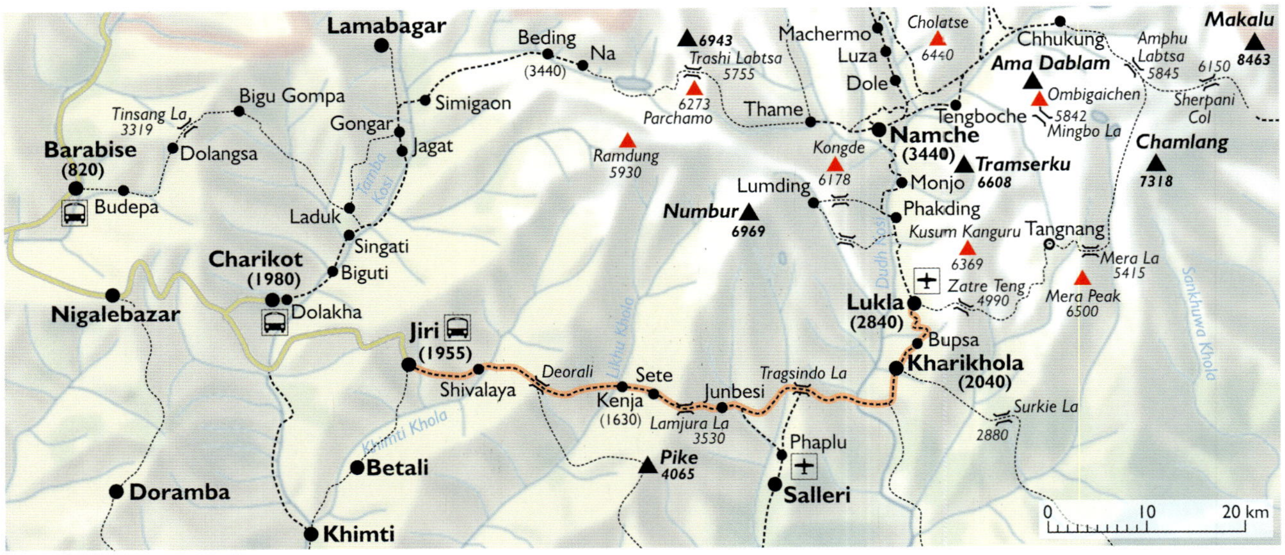

Eigentlich gehört der Abschnitt zwischen Jiri und Lukla zum klassischen Anmarschweg zum Mount Everest. Alle großen Expeditionen der Fünfziger- und Sechzigerjahre nahmen einst diesen Weg über die vielen grünen Pässe der Vorberge. Eiligen Everest-Touristen erspart die Landepiste in Lukla nun eine knappe Woche Anmarschzeit. Allerdings nimmt sie den Trekkingrouten im Everest-Gebiet auch den sehr reizvollen subtropischen Anteil mit der Kulturlandschaft der Bergbauern und ihren typischen Terrassenfeldern.

Wer ausreichend Zeit mitbringt, sollte sich diese akklimatisationsfördernde Bergauf-Bergab-Piste nicht entgehen lassen.

Die Route bietet durch den steten Wechsel zwischen Berg und Tal außergewöhnlich viel Abwechslung. Reisterrassen und subtropische Flusstäler wechseln mit montanen Bergwäldern und begrünten Passübergängen, die bereits eine schöne Aussicht auf die Welt der Eisriesen bieten.

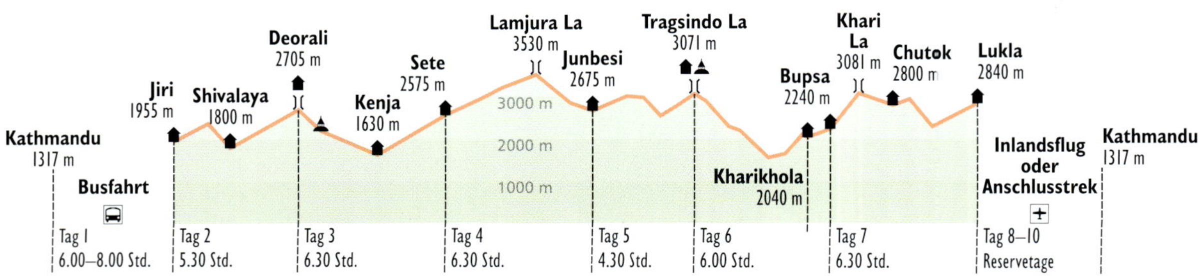

Beste Reisezeit

Oktober bis November und März bis Mai. Auch in den Wintermonaten ist die Route gut machbar. Man wird die Route dann nur mit wenigen Touristen teilen, allerdings ist in dieser Zeit Schnee auf den Pässen nicht ganz auszuschließen.

Infrastruktur

Die gesamte Strecke ist außerordentlich gut mit Lodges erschlossen. Wer sich als Individualtrekker nicht an einen Zeitplan halten muss, darf hier relativ planlos drauflosmarschieren. Man findet hier fast im Stundentakt zahlreiche Unterkunftsmöglichkeiten und Teestuben.

Anforderungen

Durch die zahlreichen Auf- und Abstiege ist dieser Trek vor allem sehr konditionsfördernd und ideal zur Akklimatisation, er birgt unter normalen Bedingungen für geübte Wanderer aber keinerlei technische Schwierigkeiten. Meist bewegt man sich auf gut ausgebauten Wirtschaftswegen.

Auf dem Weg von Junbesi zum Tragsindo La. Der Abstieg führt in das Tal des Beni Khola.
Ganz links im Hintergrund erkennt man den Kusum Kanguru, 6369 m.
Am Fuß dieses mächtigen und schwierigen Sechstausenders liegt der Ort Lukla.

Gokyo Peak und Cho La

Zu den türkisblauen Seen am Fuß des Cho Oyu

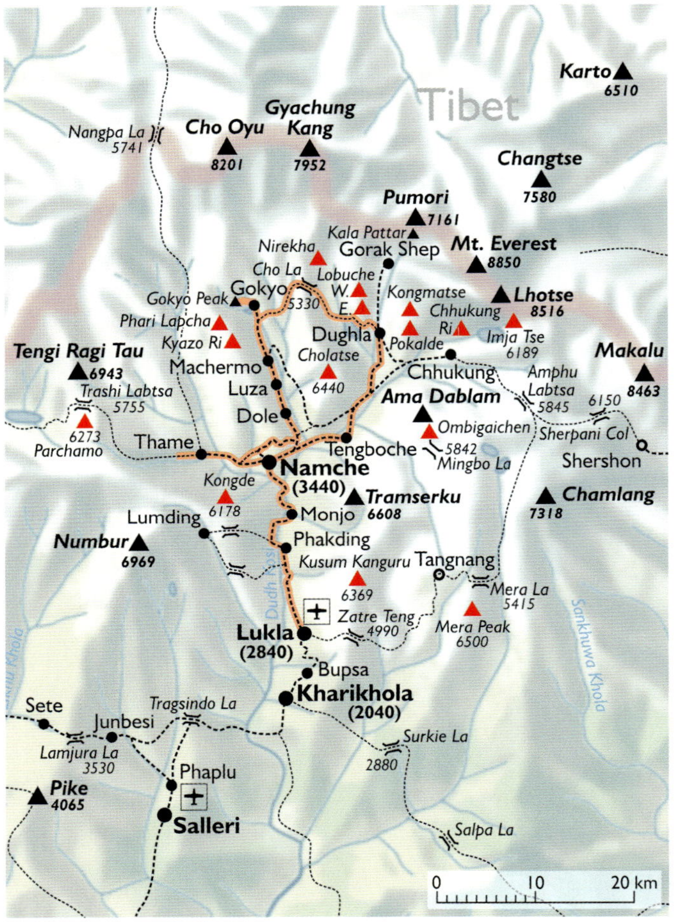

Wer ins Khumbu kommt, der will vor allem Hochgebirge sehen. An herausragenden Berggestalten mangelt es hier im Stammland der Sherpa auch wahrlich nicht.

Die gute Infrastruktur bietet auch dem Individualtrekker, der von Lodge zu Lodge wandern will, unzählige Möglichkeiten, sich seine Khumbu-Tour ganz nach Belieben zusammenzustellen.

Kulturinteressierte werden natürlich die berühmten Klöster – wie etwa Thame oder Tengboche – mit auf ihr Programm setzen. Allgemein haben sich aber vor allem zwei Hauptrouten herauskristallisiert. Die eine führt zum Aussichtsberg Kala Pattar und zum Basislager des Mount Everest. Die andere, hier beschriebene, führt nach Gokyo und damit an den Fuß des Cho Oyu.

Beide zeigen uns eine solch begeisternd eindrucksvolle Hochgebirgswelt, dass sich die Vergabe einer Rangordnung von selbst verbietet. Glanzpunkte der Gokyo-Route sind die türkisblauen Seen mit dem eisüberwallten Cho Oyu als Hintergrundkulisse und natürlich die technisch problemlose Besteigung des Gokyo Peak.

Man sollte diesen schönen Aussichtspunkt nicht als Haltepunkt zwischen zwei Tagesetappen einzwängen. Wer sich die Zeit nimmt, am Gipfel des Gokyo Peak den Sonnenuntergang zu erleben, der wird sich um einen unvergesslichen Augenblick bereichern. Der Gipfelkranz vom Cho Oyu über Gyachung Kang und die mächtige Pyramide des Mount Everest bis hin zu Lhotse und Makalu gibt im rot glühenden Abendlicht ungleich viel mehr her als in den Mittagsstunden, wenn alle Strukturen von grellem Licht erschlagen werden.

Für erfahrene Trekker bietet die landschaftlich großartige Überschreitung des Cho La eine zusätzliche Herausforderung.

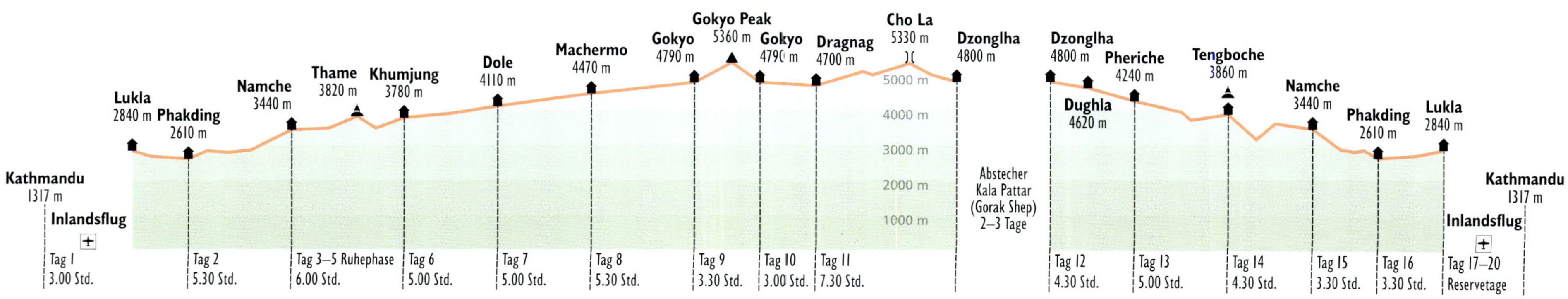

Beim Kloster Thame, im Hintergrund der 6500 m hohe Gipfel des Thyangmoche (Tengkangpoche).

Beste Reisezeit
Oktober und November sowie März bis Mai. In der Vormonsunzeit ist am Cho La aber oft mit viel Schnee zu rechnen, sodass man diesen Pass nur als Option für gute Verhältnisse einplanen sollte.

Infrastruktur
Die Route ist insgesamt sehr gut mit Lodges erschlossen. Die Überschreitung des Cho La erfordert ohne Zelte allerdings eine recht lange Tagesetappe. Zwischen Dragnag und Dzonglha gibt es keinerlei Stützpunkte!

Anforderungen
Die Trekkingroute bis Gokyo und auf dem gleichem Weg zurück bietet keine technischen Schwierigkeiten. Die Überschreitung des Cho La ist eine hochalpine Unternehmung, die je nach Verhältnissen alpine Ausrüstung erforderlich macht. Nur sehr erfahrene Bergsteiger sollten diesen teilweise vergletscherten Pass ohne Führer begehen.

Hinweise
Nach der Überschreitung des Cho La lässt sich die Unternehmung in idealer Weise mit der Route nach Gorak Shep kombinieren.

Gebühren
Sagarmatha-Nationalpark ca. 12 €.

*Der Gokyo-See mit der Siedlung Gokyo.
Im Hintergrund die Südflanke des Cho Oyu, 8201 m, und der gerade noch hinter den Vorbergen erkennbare Gyachung Kang, 7952 m.*

Trekker überqueren das seichte nördliche Ende des Gokyo-Sees. Die sonnenbeschienenen Hänge im Hintergrund bilden den Sockel des leicht zu besteigenden Gokyo Peak, ganz rechts der Cho Oyu, 8201 m.

Beim Aufstieg zum Gokyo Peak. Unten der Gokyo-See (auch Dudh Pokhari) mit der gleichnamigen Lodge-Siedlung an seinem Ufer. Jenseits des Moränenwalls der Ngozumba-Gletscher. Die markanten Gipfel in der Bildmitte sind der Cholatse, 6440 m, und der Taboche, 6367 m. Weiter rechts erkennt man Kangtega, 6685 m, Tramserku, 6608 m, und den schwierigen Trekking Peak Kusum Kanguru, 6369 m.

Der Kangtega, 6685 m, fotografiert vom Kloster Tengboche.

Namenlose 6000er-Gipfel vor der mächtigen Eismauer, die den Cho Oyu mit dem Gyachung Kang verbindet, fotografiert vom Gokyo Peak. Diese ungefähr 15 km breite Barriere ist durchgehend über 7000 m hoch und bildet gleichzeitig die Grenze zu Tibet.

Letztes Abendlicht am Kyashar, 6770 m, der gerade noch zwischen Kantega, 6685 (links), und Tramserku, 6608 m (rechts), hervorspitzt.

Der Cholatse, 6440 m, gesehen aus der Nähe von Dingboche.

Abstieg vom Cho La: Letztes Abendlicht beleuchtet den Gipfel der Ama Dablam, 6856 m. Die Wolken über dem Talgrund verdeutlichen die gewaltigen Dimensionen.

Everest-Basislager

Klassischer Khumbu-Trek mit Besteigung des Kala Pattar

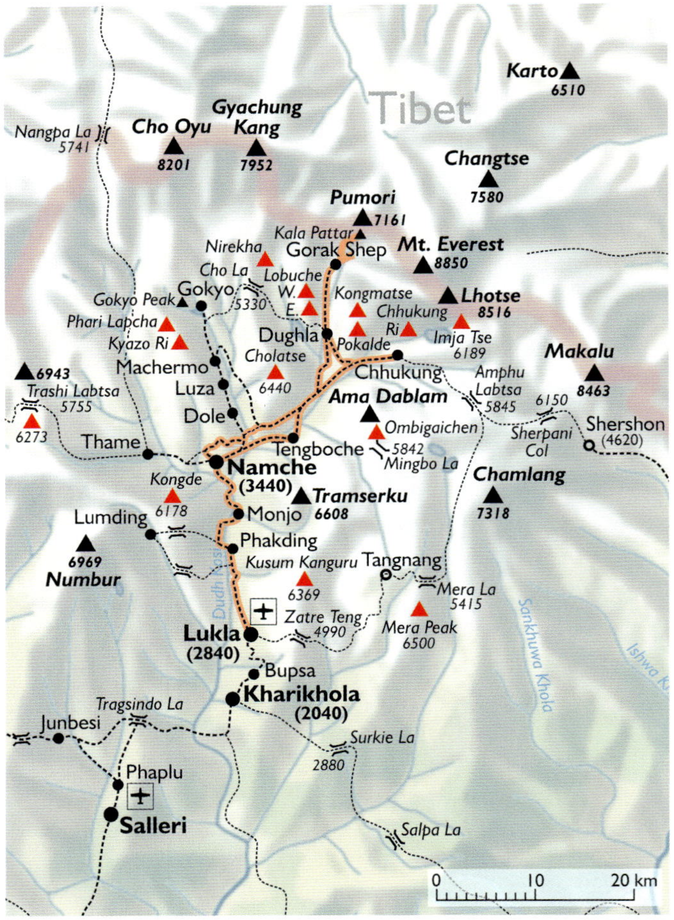

Das Khumbu-Gebiet ist enorm reich an kulturellen Sehenswürdigkeiten. Die Sherpa, die das Land vor einigen Hundert Jahren aus Tibet kommend besiedelten, haben auch den Tibetischen Buddhismus in dieses Gebiet gebracht. Dieser manifestiert sich hier – neben dem Bau von bedeutenden Klöstern – vor allem durch die überaus zahlreichen und charakteristischen religiösen Symbole. In den Tälern am Fuße von Chomolungma (Mount Everest) sind Manisteine, Gebetsfahnen, Chörten und Gompas kaum mehr wegzudenken.

Geprägt wird das Landschaftsbild aber in erster Linie durch die majestätischen Gipfel. Kaum ein anderes Gebiet im Himalaya wurde mit einer solchen Fülle von formvollendeten Berggestalten gesegnet wie das Khumbu. Ama Dablam und Pumori sind dabei nur zwei herausragende Beispiele.

Für viele Touristen ist aber vor allem die Faszination, die der Mount Everest – als höchster Gipfel der Erde – auf sie ausübt, der Anlass, dieses Gebiet zu besuchen. Doch Sagarmatha – so der nepalesische Name – präsentiert sich den Blicken der Wanderer nur sehr sparsam. Sieht man vom Gipfelkopf – der während des Anmarsches gelegentlich über die gewaltige Lhotse-Nuptse-Mauer hinausblinzelt – einmal ab, so ist die freie Sicht auf die Gipfelpyramide stets mit Anstiegsmühen zu einem höher gelegenen Aussichtspunkt verbunden.

Von Gorak Shep bietet sich vor allem der technisch einfache Anstieg zum grandiosen Aussichtspunkt Kala Pattar an.

Rein optisch stiehlt aber auch von hier aus der etwa 1000 m niedrigere Nuptse dem Mount Everest die Show. Wer die beiden Gipfel auch schon vom etwas weiter ent-

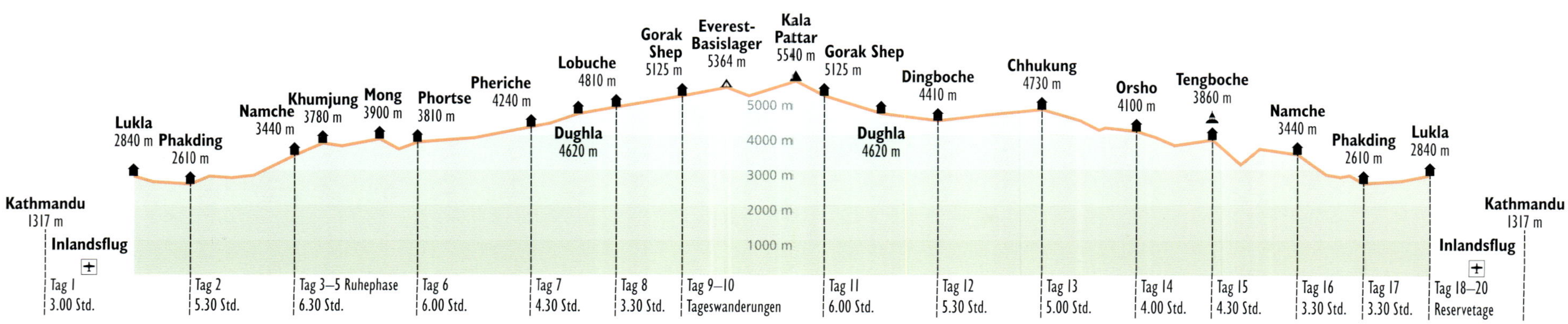

Der Weiler Mong ist ein traumhafter Halte- oder Übernachtungspunkt, den man sich als Everest-Trekker nicht entgehen lassen sollte. Der Blick fällt hier in das Tal des Imja Khola mit der majestätischen Ama Dablam, 6856 m, als Blickfang. Die markanten Gipfel rechts der Bildmitte sind der Kangtega, 6685 m, und der Tramserku, 6608 m.

Blick vom Kala Pattar zur dunklen Pyramide des Mount Everest, 8850 m. Die Szenerie wird allerdings vom Nuptse, 7881 m, mit seiner grandiosen Westwand beherrscht. Dazwischen erkennt man gerade noch den Lhotse, 8516 m, und den Südsattel. Links am Bildrand der Khumbu-Eisfall, der gleichzeitig den Eingang zum Western Cwm markiert.

fernten Gokyo Peak gesehen hat, der weiß die tatsächlichen Größenverhältnisse aber besser einzuschätzen.
Der anschließende Abstecher nach Chhukung bedeutet gleichzeitig eine Annäherung an die gewaltige Lhotse-Wand. Zusammen mit der Annapurna-Südwand gehört sie zu den mächtigsten und eindrucksvollsten Wandfluchten in Nepal.

Beste Reisezeit
Oktober bis November und März bis Mai. Der Besuch des Klosters Tengboche sowie der tiefer gelegenen Orte ist aber auch in den Wintermonaten möglich.

Infrastruktur
Am gesamten Weg finden sich in kurzen Abständen zahlreiche Läden und Lodges. Bei großem Andrang kann es aber speziell bei den Herbergen in Gorak Shep und Tengboche Kapazitätsengpässe geben.

Anforderungen
Die beträchtliche Höhe fordert eine ausreichende Akklimatisierung. Die Wege sind überwiegend gut ausgebaut und bergen meist keine technischen Schwierigkeiten.

Gebühren
Sagarmatha-Nationalpark ca. 12 €.

Der Gipfel des Pumori, 7161 m, glüht im abendlichen Streiflicht.
Pumori heißt übersetzt »Tochterberg«. Fotografiert von Gorak Shep.

Thame und Tengboche

Berühmte Klöster im Sherpaland

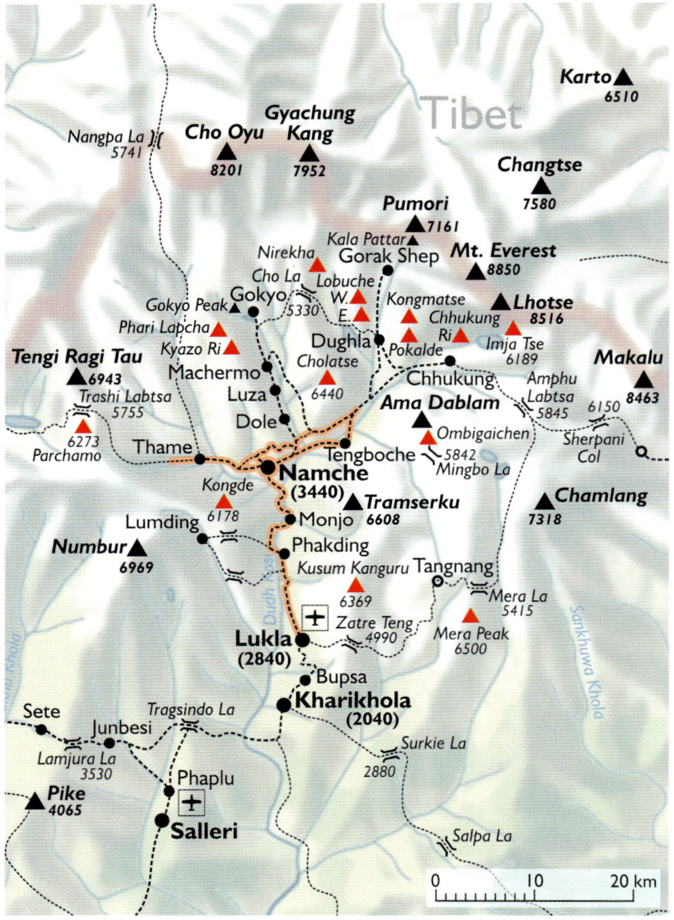

Jeder Besucher des Khumbu setzt meist seine ganz persönlichen Reiseschwerpunkte. Sind es für die einen die mehr alpinen Akzente mit landschaftlichen Glanzpunkten in den hoch gelegenen Tälern, die das Interesse wecken, so steht für andere vor allem die einmalige Kultur am Fuß der mächtigen Eisgipfel im Vordergrund.

Der Besuch der beiden wichtigsten Klöster des Sherpalandes – Thame und Tengboche – stellt auch weniger trainierte Wanderer nicht vor unlösbare Probleme. Man bewegt sich dabei durchgehend auf leichten Wegen in bestens erschlossenem Gebiet, die gute Infrastruktur lässt sehr viel Spielraum für lohnende kleine Varianten und eine an die persönliche Leistungsfähigkeit angepasste Planung der einzelnen Tagesetappen.

Bei fast allen buddhistischen Klöstern sind Besucher meist sehr willkommen. Im wunderbar gelegenen Kloster Tengboche wurde sogar ein kleines Besucherzentrum eingerichtet, in dem sich die Gäste tagsüber in einem Museum und mittels Videovorführungen umfassend informieren können.

Auch die respektvolle Teilnahme an einer buddhistischen Morgenandacht ist nach Absprache kostenlos möglich (anschließende kleine Spenden werden natürlich nicht verschmäht!). Diese Zeremonien dauern etwa 80 Minuten und erfordern neben persönlichem Interesse vor allem auch warme Kleidung, denn die Klosterräume sind unbeheizt und zu früher Stunde meist noch sehr kalt!

Auch im Kloster Thame ist eine Besichtigung bzw. eine Teilnahme an den Andachten nach Absprache möglich.

Auf der gesamten Route gibt es noch zahlreiche weitere Klöster, kleine Stupas und kulturelle Sehenswürdigkeiten, die ebenfalls einen Besuch wert sind.

Selbst auf die grandiose Bergwelt muss man bei dieser »Kulturwanderung« nicht verzichten, sie bleibt unübersehbar und im wahrsten Sinne des Wortes auf (bzw. an) der Strecke. Obwohl sich der Mount Everest dabei nur aus der Ferne zeigt, so erlebt man doch so grandiose Gipfel wie etwa die Ama Dablam, den Kangtega, den Taboche oder den Tramserku aus unmittelbarer Nähe, denn immerhin führt auch diese Wanderung bis in eine Höhe von fast 4000 Metern.

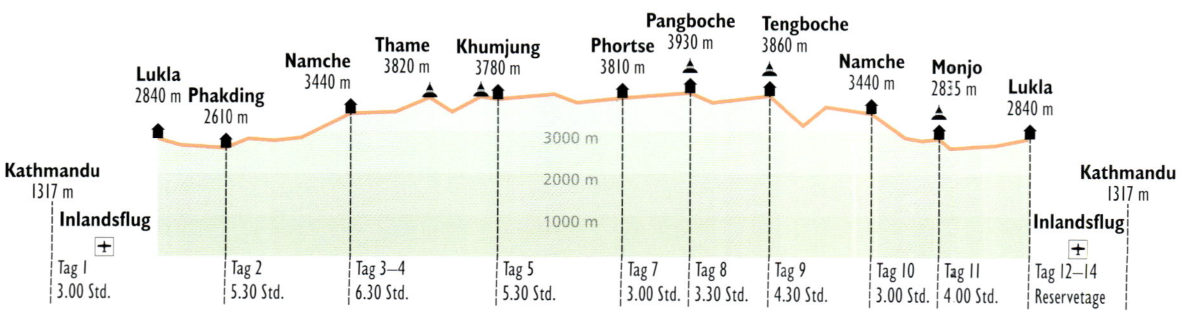

Im Kloster Tengboche:

Die Buddha-Statue im großen Andachtsraum.

Die prunkvollen Verzierungen im Inneren des Klosters sind neueren Datums. Das Kloster ist leider 1989 bis auf die Grundmauern abgebrannt und wurde anschließend komplett neu aufgebaut.

Beste Reisezeit
Oktober bis Mai. In den Wintermonaten muss allerdings gelegentlich mit Schnee gerechnet werden.

Infrastruktur
Am gesamten Weg finden sich in kurzen Abständen zahlreiche Läden und Lodges. Vielerorts gibt es Unterkünfte mit hotelartigem Komfort.
Bei großem Andrang kann es aber besonders in den Herbergen bei Tengboche Kapazitätsengpässe geben.

Anforderungen
In der Hauptreisezeit sind die Wege meist problemlos zu begehen. Bei gelegentlicher Schneeauflage in den harten Wintermonaten fordern einzelne Wegabschnitte mitunter etwas Trittsicherheit.

Hinweise
Das Wegenetz im Khumbu erlaubt zahlreiche lohnende Varianten und kleine Abstecher. Bei eventueller Zeitnot kann man die vorgeschlagene Route in abgekürzter Form auch in deutlich kürzerer Zeit durchführen, gleichwohl aber auch beliebig verlängern.

Gebühren
Sagarmatha-Nationalpark ca. 12 €.

Hinku und Hunku

Hochalpine Runde über drei Pässe

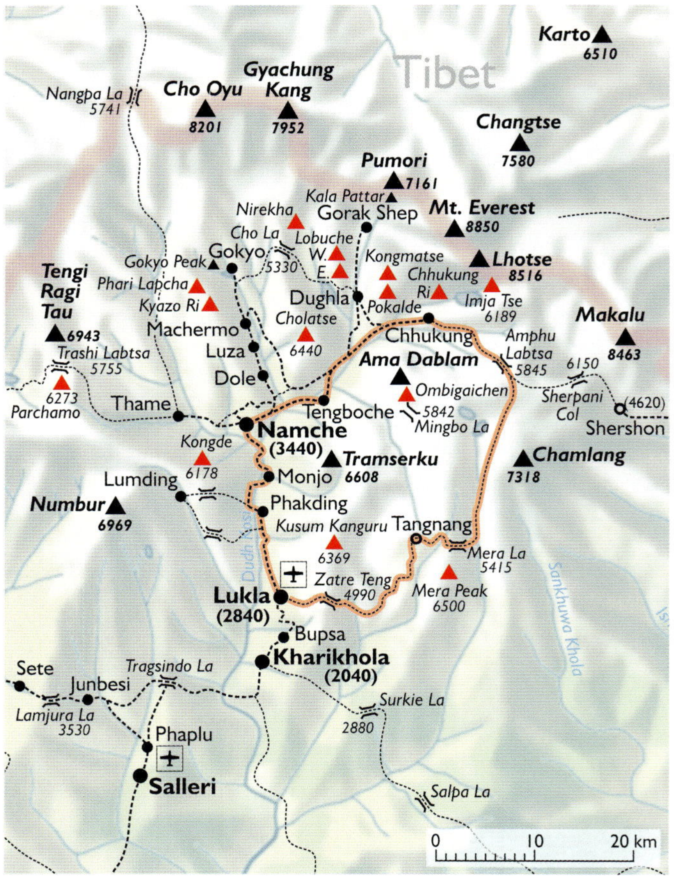

Hinku und Hunku, das sind die beiden Hochtäler in der riesigen und nahezu unbewohnten Region östlich des Dudh Kosi. Wer eine sehr wilde und karge Hochgebirgslandschaft sucht, der ist hier genau richtig. Das Gebiet ist eingerahmt von solch berühmten Gipfeln wie Tramserku, Kangtega, Ama Dablam und Baruntse sowie dem mächtigen Chamlang. Der zentrale Anziehungspunkt für Trekker der »extremeren« Richtung ist aber der Mera Peak. Eigentlich ist dieser Trekking Peak kein einzelner Gipfel, sondern eine eigenständige Berggruppe, die – sieht man von den absoluten Höhenangaben einmal ab – vielleicht von den Ausmaßen her mit der Mont-Blanc-Gruppe vergleichbar ist. Fast alle Begeher der Hinku-Hunku-Tour planen gleichzeitig auch die Besteigung dieses Gipfels. Die technischen Anforderungen sind vergleichsweise moderat, noch dazu bildet der Mera La einen idealen Ausgangspunkt für einen Versuch an dieser grandiosen Schneeburg (siehe auch Kapitel Trekking Peaks, Seite 249).

Doch die Tour beginnt nicht am Fuß dieses Berges, sondern in Lukla, wo es zunächst einmal darum geht, als erste Hürde den Zatre-Teng-Pass zu überwinden. Innerhalb der ersten beiden Tage bringt einen der Weg dabei bereits in eine Höhe von fast 5000 Metern. Eigentlich überflüssig zu erwähnen, dass ein vorausgehender Akklimatisationstrek unabdingbare Voraussetzung ist, will man nicht das Schicksal in Gestalt einer akuten Höhenkrankheit herausfordern – zumal es im darauf folgenden Hinku-Tal auch kaum mehr möglich ist, in wirklich erholsame Tieflagen abzusteigen.

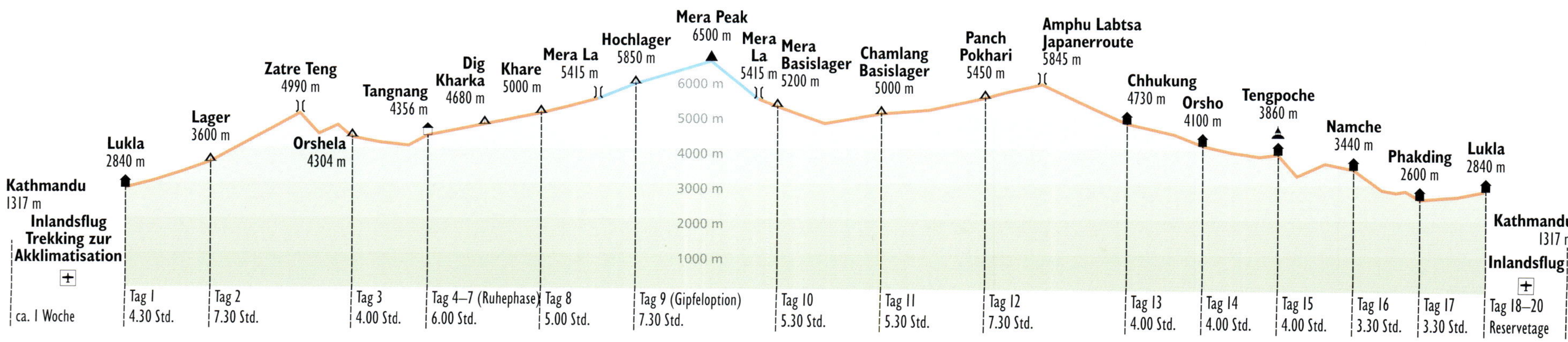

Unterwegs im einsamen Hunku-Tal. Links im Hintergrund der Chamlang, 7318 m.

Im Hinku-Tal besticht beim Aufstieg zur Hochalm Tangnang vor allem das Konterfei des lange Zeit unbenannten, aber spektakulären Kyashar, dem sein Äußeres – läge er nicht in diesem abgelegenen Tal – bestimmt schon zu großer Berühmtheit verholfen hätte. In Tangnang befindet sich auch eine einfache Lodge, deren Betreiber sich in den letzten Jahren ausschließlich auf die Bewirtung der Mera-Peak-Aspiranten umstellen mussten, nachdem der Ausbruch eines Gletschersees im Sommer 1998 weite Teile des Weidegrundes verwüstet hat. Heute zeugt ein riesiges Trümmerfeld mit teilweise bis zu Lkw-großen Felsblöcken von den ungebändigten Naturgewalten dieser leider auch Menschenleben fordernden Katastrophe.

Die zweite große Hürde bildet der Mera La, der nicht nur die beiden Täler miteinander verbindet, sondern auch als idealer Ausgangspunkt für die Besteigung des Mera Peak dient (weitere Einzelheiten siehe Kapitel Trekking Peaks). Nach Überschreitung des Mera La befindet man sich im Hunku-Tal. Gab es im Hinku-Tal noch die eine oder andere einfache Unterkunft, so ist man nun endgültig auf die mitgebrachten Ressourcen angewiesen. Mit stetigem Blick auf Lhotse und Everest durchwandert man dieses fast außerirdisch anmutende Hochtal bis zu den Seen Panch Pokhari. Die Stille wird hier nur durch das eigenwillige Konzert der teilweise zugefrorenen Gletscherseen unterbrochen. Die fast etwas unheimlich wirkenden »Zing-Töne« entstehen durch plötzliche Spannungsrisse in der dünnen, während des Tagesverlaufs auftauenden Eisschicht.

Mit den Panch Pokhari ist auch der Fuß der letzten, aber schwierigsten Hürde erreicht.

Aufstieg von Lukla zum Zatre Teng. Der Übergang führt durch eine verdeckte Rinne zwischen den mächtigen, namenlosen Felsgipfeln hindurch.

Im Hinku-Tal dominiert der formschöne Kyashar, 6770 m, die Szenerie. Links der Kusum Kanguru, 6369 m, ganz rechts erkennt man im Schatten die Ausbruchsstelle des Sabei Tsho, eines Gletschersees oberhalb von Tangnang.

Letztes Abendlicht beleuchtet den Gipfel des Chonku Chuli, 6809 m, fotografiert vom Lagerplatz bei den Panch Pokhari.

Blick vom Aufstieg zum Mera La nach Nordnordwesten zum Melanphutan, 6573 m (Bildmitte). Rechts von diesem Berg überragt die Ama Dablam gerade noch den Kammverlauf. Alle anderen Gipfel sind namenlos.

Blick von der Passhöhe des Amphu Labtsa (Japanerroute) nach Osten zum Vorgipfel des Baruntse. Dazwischen befindet sich von einem Felssporn verdeckt die klassische Amphu-Labtsa-Route.

Ein ständiger Blickfang beim Aufstieg durch das Hunku-Tal ist die Lhotse-Südwand (links), im oberen Abschnitt setzt sich dann vor allem die Südwand des Baruntse (rechts), 7168 m, in Szene.

Panch Pokhari (Fünf Seen) – die vergletscherte Scharte rechts über dem See ist der Amphu Labtsa.

Die Überwindung des Amphu Labtsa ist von den rein technischen Anforderungen her schwieriger einzustufen als die Besteigung des Mera Peak. Heute begeht man fast nur noch die gegenüber dem klassischen Weg etwas leichtere, aber keinesfalls zu unterschätzende »Japanerroute«.
Ist dieser Eiswall aber erst überwunden, empfindet man den anschließenden Einzug in der kleinen Siedlung Chhukung fast wie eine Heimkehr in die luxuriöse Zivilisation.

Beste Reisezeit
Oktober bis November und April bis Mai.

Infrastruktur
Kein Gebiet für Individualtrekker. Die organisierte Form mit Sirdar, Zelten und Trägern ist obligatorisch.

Anforderungen
Nur für Bergsteiger mit solider Hochtourenerfahrung und entsprechender Ausrüstung. Die Schlüsselstelle ist der Amphu Labtsa mit oft stark zerschrundenen Eispassagen und Felsschwierigkeiten im Bereich II–III auf der Abstiegsseite (Abseilen möglich).

Gebühren
Sagarmatha-Nationalpark, ca. 12 €.
Mera Peak 240 € für bis zu 4 Teilnehmer.

Aufstieg von Süden über die Eiskaskaden des Amphu Labtsa.
Der Amphu Labtsa, 5845 m, zählt zusammen mit dem Trashi Labtsa im Rolwaling Himalaya zu den schwierigsten Passübergängen in Nepal.

Makalu-Basislager

Einen Riesen am Fuß kitzeln

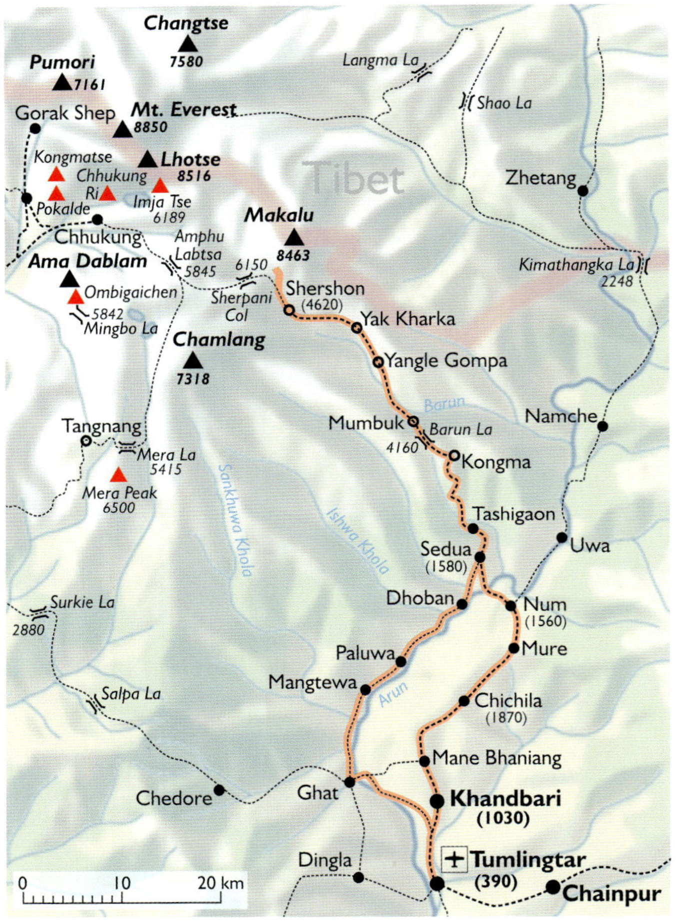

Die Route zum Makalu-Basislager führt über weite Strecken durch subtropisches Gebiet. Die stellenweise außerordentlich üppige Vegetation gibt dabei aber immer wieder den Blick auf die Eisgipfel frei. Bei klarer Sicht reihen sie sich am nördlichen Horizont zu einer – vom Makalu gekrönten – übermächtigen weißen Mauer und bilden einen einzigartigen Kontrast zum satten Grün des Dschungels.

Aber nicht nur Urwaldabschnitte kennzeichnen diese eher stille und sehr ursprüngliche Trekkingroute. Wir lernen zunächst das Kulturland der Limbu kennen, die vor allem das Hügelland östlich des Arun bewirtschaften. Mit der Talseite des Arun wechseln wir dann schließlich in den Kulturkreis der Sherpa. Hier markieren die letzten Terrassenfelder der Dörfer Sedua und Tashigaon das Ende des besiedelten Gebietes und gleichzeitig den Beginn eines der größten Naturareale in Nepal. Wir betreten hier den Makalu-Barun-Nationalpark. Durch einen dichten – im Frühjahr rot blühenden – Nebelurwald aus Rhododendron gewinnen wir zunehmend an Höhe. Beim Aufstieg zum Barun La zeigt sich im Osten das beeindruckende Massiv des Kanchenjunga, bald darauf schiebt sich erneut – nun zunehmend mächtiger – der Makalu in unser Blickfeld.

Bevor wir diesen Riesen endgültig an seinem Fuß kitzeln dürfen, müssen wir zuvor noch das wildromantische und sehr einsame obere Barun-Tal durchwandern.

Hier betreten wir auch den vergleichsweise kleinen, aber außerodentlich spektakulären Routenabschnitt, der direkt durch die Welt der Eisriesen führt. Ein stetiger Blickfang ist natürlich vor allem die ungeheure Masse des Makalu, dessen Gipfel uns in Shershon um mehr als 3800 Meter überragt.

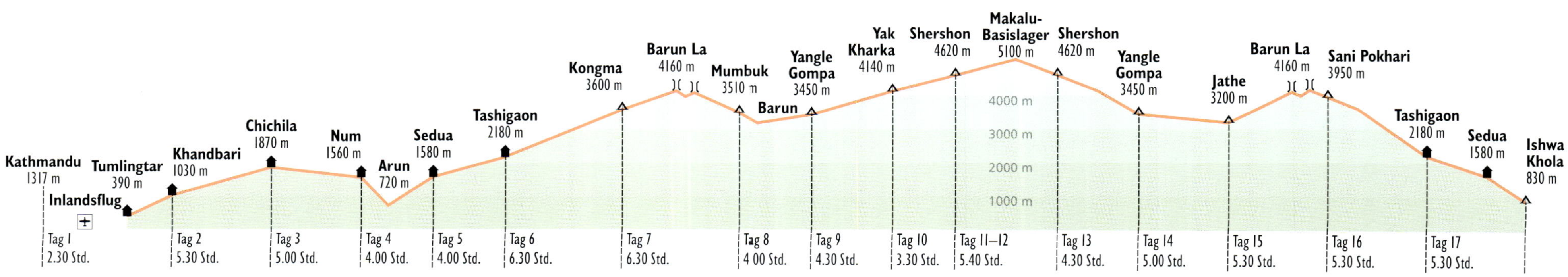

Markt in Tumlingtar.

In einem Hindudorf im Arun-Tal.

Beste Reisezeit
Anfang April bis Mitte Mai (Rhododendronblüte) oder Mitte Oktober bis Ende November. Im Herbst ist der Barun La meist schneefrei und die Fernsicht besser.

Infrastruktur
Bis Tashigaon gibt es einfache Lodges und Teehäuser. Nach Tashigaon finden sich nur mehr sporadisch einfachste Hirtenunterkünfte, die allerdings sehr unzuverlässig besetzt und kaum bewirtschaftet sind.

Anforderungen
Vielerorts geht es über unbequemes oder auch steiles Gelände. Die Tour stellt dabei aber keine ausgesprochen alpintechnische Anforderungen. Ein kurzer Abschnitt im Barun-Tal ist besonders während oder nach Regenfällen objektiv durch Steinschlag und eventuelle Murenabgänge gefährdet.

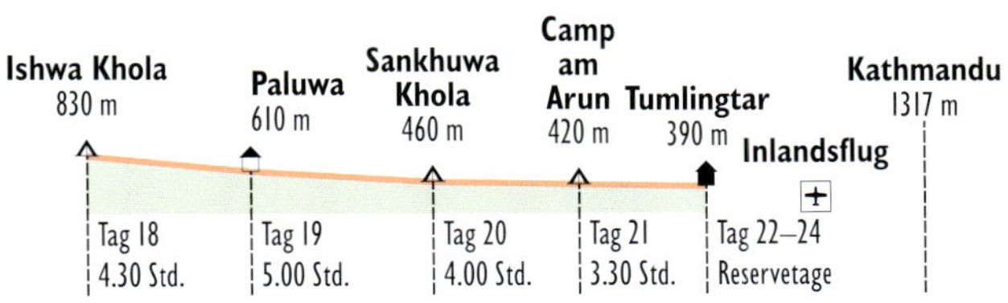

Aufstieg zum Barun La (Shipton Pass), 4160 m: Zum eigentlichen Passübergang führt ein langer, aussichtsreicher Gratkamm mit vielen kleinen »Gipfelchen«.

Die letzten Meter zur Passhöhe. Besonders für die schwer beladenen Träger ist der Anstieg zu diesem Übergang eine der anstrengendsten Etappen der Trekkingroute zum Makalu-Basislager.

Eis pur: Der Chamlang, 7318 m, von Nordosten (Shershon).

Unnahbar, die Nordostwand des Peak 6, 6739 m, fotografiert aus dem Lager in Shershon.

Die Südwestwand des Makalu, 8463 m. Im Profil erkennt man den berühmten Westpfeiler, fotografiert aus der Nähe von Shershon.

Von Basantpur nach Taplejung

Höhenwanderung mit Ausblick auf vier Achttausender

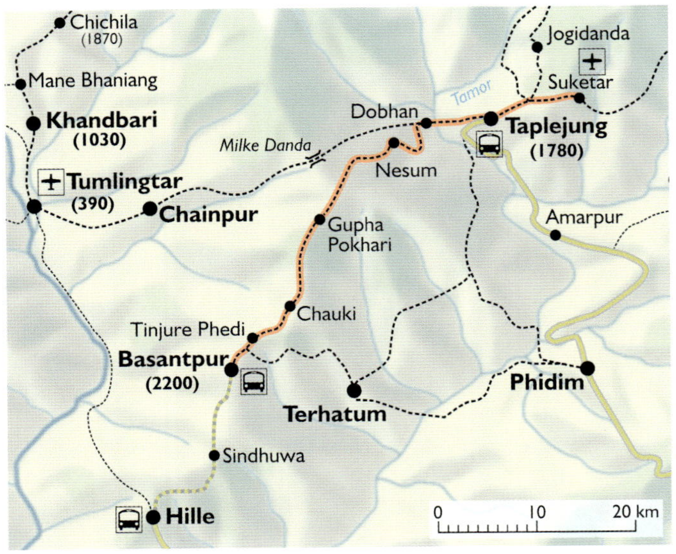

Der ausgezeichnete Nepalkenner Bernhard Rudolf Banzhaf spricht im Zusammenhang mit dieser Route von der »vermutlich schönsten Kammwanderung in ganz Nepal«. Eine Vermutung, die man aufgrund der umfassenden Aussicht auf vier Achttausender durchaus teilen kann.

Der einzige Makel dieser schönen Vorgebirgsroute ist der große Aufwand, den man betreiben muss, um überhaupt den Ausgangspunkt Basantpur zu erreichen. Von Kathmandu aus geht es via Inlandsflug zunächst nach Biretnagar. Ab hier führt eine relativ gute Straße bis Hille, wo man besser in ein geländegängiges Fahrzeug umsteigt. Ein pannenfreies Ankommen in Basantpur ist deswegen aber noch lange nicht garantiert. Die »Straße« ist für Mensch und Auto schlichtweg schonungslos und nach europäischen Maßstäben eigentlich nicht befahrbar. Ausfälle der Diesel-Karossen sind hier Routine! In unserem Fall war es das rechte Bündel Blattfedern der Hinterachsaufhängung, das es samt der Verankerung herausgerissen hat. »No problem …«. Der Fahrer kramt in einer riesigen Ersatzteilkiste, wird fündig und repariert mit einfachsten Mitteln und vor den staunenden Augen aller Fahrgäste sein Gefährt. Das Problem der erheblichen Vorspannung des Lkw-Blattfederbündel löst er dabei mit einem alten Wagenheber und mit Hilfe von irgendwie in die Karosserie verkeilten Felsbrocken.

Hat man alle Zufahrtshürden überwunden, beginnt schließlich ein Weg in Luxusexposition. Während man bei anderen Routen oft im Tal wandert und gelegentlich einen Pass überquert, so ist es hier genau umgekehrt. Einzig die Überquerung des Mewua Khola vor Taplejung erfordert ein kurzes Abtauchen in die Niederungen einer tief eingeschnittenen Talkerbe.

Oberhalb von Taplejung liegt der kleine Ort Suketar mit seiner abenteuerlichen Landepiste. Wer nicht weiter in die sehr ursprüngliche Kanchenjunga-Region eindringen will, kann hier die Tour mit einem Inlandsflug nach Biretnagar beenden.

Eine andere lohnende Möglichkeit bietet der Weg über den sogenannten Milke Danda nach Tumlingtar (Royal Trek). Man zweigt vor Dobhan links ab und verlängert so das aussichtsreiche Vorgebirgs-Trekking um weitere 3 bis 4 Tage. Ab Tumlingtar gelangt man schließlich via Inlandsflug direkt zurück nach Kathmandu.

Beste Reisezeit

Oktober bis Mai. Beste Fernsicht im Herbst.

Infrastruktur

Gelegentlich einfache Unterkunftsmöglichkeiten. Die organisierte Trekkingform ist aber empfehlenswert.

Anforderungen

Überwiegend problemlose und häufig benutzte Verbindungswege.

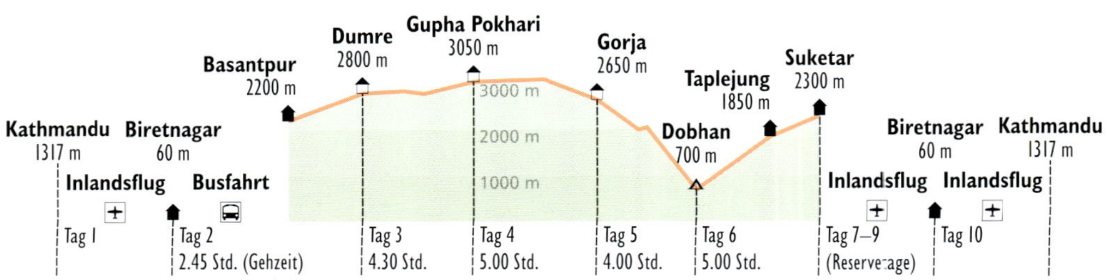

Bild oben: Blick nach Nordosten zum Kanchenjunga Himalaya. Der markante linke Eckpfeiler ist der Jannu (Kumbhakarna), 7710 m, in der Mitte der Kanchenjunga, 8586 m, und seine Trabanten, rechts der Kabru, 7353 m.

Bild unten: Am nordwestlichen Horizont erkennt man den riesigen Schneerücken des Chamlcng, 7318 m, in der Mitte Lhotse , 8516 m, und Mount Everest, 8850 m, rechts der Makalu, 8463 m.

Kanchenjunga-Trek

Zu den fünf Schatzkammern des ewigen Schnees

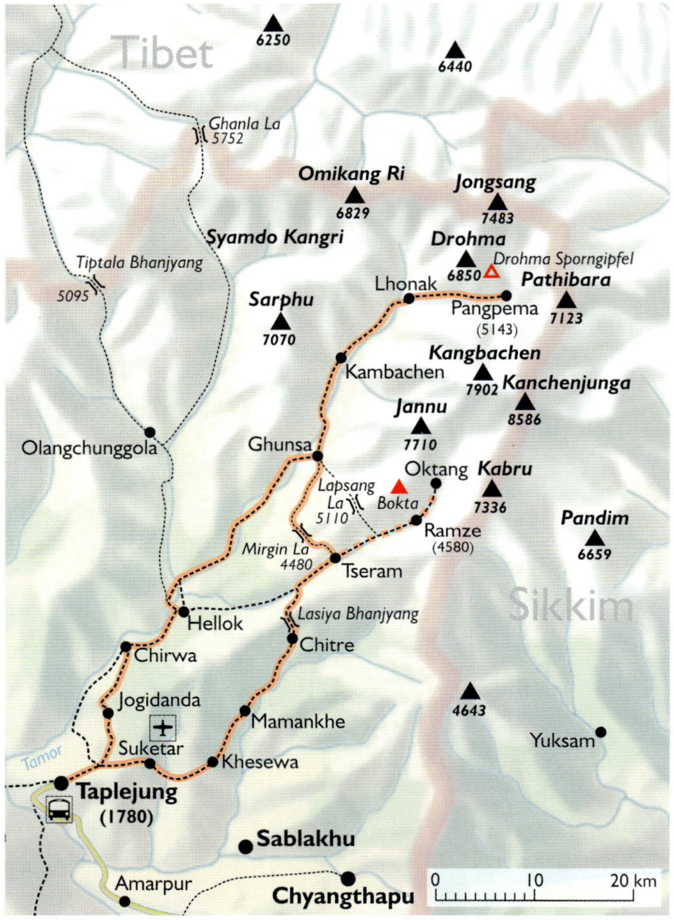

Die Nordwandschauseite des Kanchenjunga gehört zu den großartigsten Zielen, die man sich als bergbegeisterter und erfahrener Trekker in Nepal vornehmen kann. Das Gletscherszenario, das uns dieser Berggigant mitsamt seinen formvollendeten Trabanten bietet, kann selbst der Mount Everest kaum überbieten.

Aber das Schlaraffenland der erhabenen Berglandschaften hat seinen Preis. Der Kuchen, durch den man sich ab Suketar bis in die eigentliche Hochregion durchbeißen muss, ist nicht immer süß und – offen gesagt – auch nicht ganz so abwechslungsreich wie etwa die Annapurnarunde oder die Routen ins Everestgebiet, die nahezu täglich neue kulturelle und landschaftliche Highlights bieten.

Etwas technisch ausgedrückt könnte man den Verlauf der Unternehmung etwa wie folgt umschreiben: Sehr hoher (Begeisterungs-)Pegelausschlag gleich zu Beginn in Suketar – nämlich dann, wenn das gesamte Massiv fast unerreichbar weit, aber gleichzeitig übermächtig den nördlichen Horizont beherrscht. Dann folgen für einige Tage – je nach Interesse – etwas indifferente bzw. verhaltenere Pegelausschläge (von einem meiner Begleiter mit den Worten »Ich bekomme bald einen Urwaldkoller« umschrieben). Beim Besuch der Kanchenjunga-Südseite in Oktang (empfehlenswert wenn ausreichend Zeit zur Verfügung steht), zumindest aber während der Überschreitung der vier Pässe Sinelapche, Sinion, Mirgin und Selele La wird die Anzeigenadel dann mit dem Anblick weißer Schneeberge wieder dynamischer. Hier rücken nämlich der Reihe nach wieder Gipfel wie Makalu, Jannu und der eher unbekannte Sarphu Himalaya in

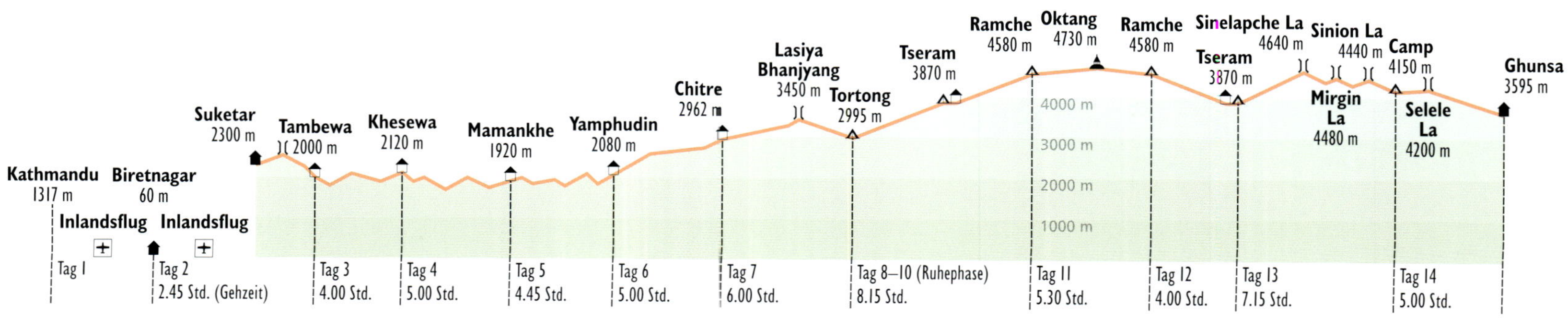

unser Blickfeld. Spätestens auf dem Weg durch das Hochtal von Ghunsa nach Pangpema gibt es Maximalwerte. Nach Erreichen des Drohma-Sporngipfels (ein relativ leicht besteigbarer Aussichtsgipfel mit überwältigendem Blick auf die Kanchenjunga-Nordwand und den Wedge-Peak) vibriert die Nadel gar am Anschlag und der Begeisterungspegel ist nur nicht mehr messbar.

Doch, damit hier kein falscher Eindruck entsteht, auch die Kulturland- und Waldetappen haben ihre besonderen Reize und können zumindest Naturliebhaber begeistern, die es auch ein paar Tage ohne den Anblick von Schneegipfeln aushalten. Wilde Flussszenerien und flechtengeschmückte Baumriesen säumen den Weg und geben der

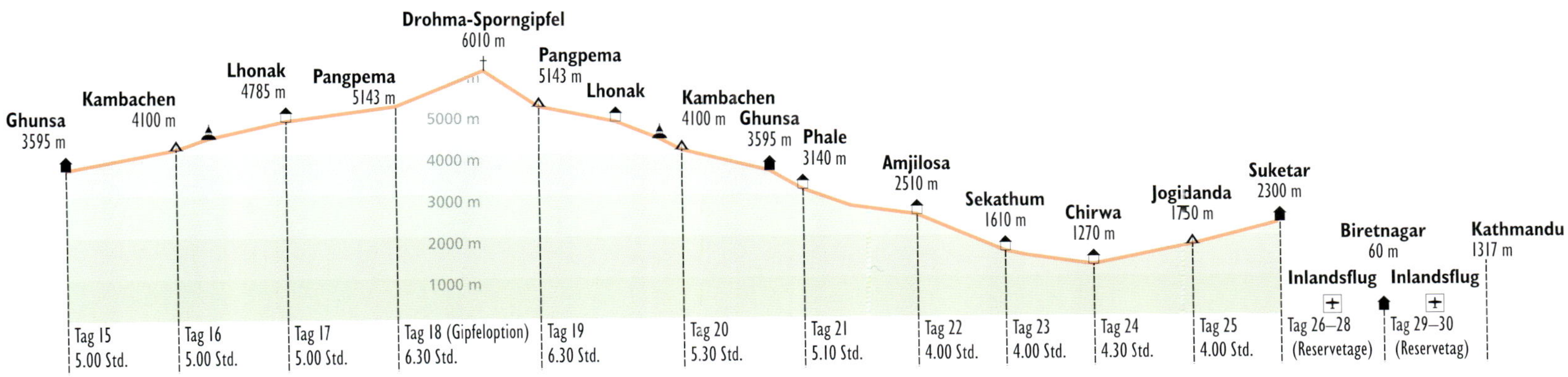

Vorhergehende Seite: Blick vom Sinion La in die Region westlich des Kanchenjunga. Unter dem Nebel im Tal liegt der Ort Ghunsa, 3595 m. Ganz rechts im Bild der Jannu (Khumbhakarna), 7710 m.

Mit Pilzen, Moosen und Flechten überwucherter Baumriese in der Nähe von Tortong. Ähnlich bizzare Exemplare sind allerdings keine Seltenheit, sie prägen in Nepal vielerorts die Urwälder der mittleren Höhenlagen.

Brücke bei Tseram.

Fantasie Nahrung für jede Menge noch nicht erzählter Märchen und Fabeln.
Auch der Anblick der Blauschafe in den Hochlagen ist ein besonderes Erlebnis. Wer mit offenen Augen unterwegs ist, entdeckt diese bevorzugten Beutetiere des Schneeleoparden auf den sonnigen und meist schneefreien Weiden, die sich zwischen Kambachen und Pangpema links des Weges bis weit über Fünftausend Meter hinaufziehen. Der unsichtbare Geist (wie die Einheimischen den seltenen Schneeleoparden oft nennen) bleibt jedoch seinem Ruf treu und verbirgt sich fast immer vor den spähenden Augen der Trekker.
Zusammenfassend sei diese Tour in erster Linie dem erfahrenen Nepal-Trekker empfohlen, der das Land nicht zum ersten Mal besucht. Ihm eröffnen sich neuartige und faszinierende Glanzpunkte, denn die Hochgebirgsregion um den »Kanch« liegt etwas abseits des touristischen Geschehens und ist an Wildheit und Eindrücklichkeit kaum zu überbieten. Nepal-Newcomer, die aber neben den grandiosen Berglandschaften in hohem Maße auch die faszinierende Kultur und die Menschen Nepals kennenlernen wollen, erhalten in den häufiger bereisten Regionen (wie z.B. im Annapurna-, Langtang- oder Everestgebiet) ein ganzheitlicheres Bild dieses vielfältigen Landes.

Lager in Pangpema, 5143 m. Sobald die Sonne hinter den Bergen verschwindet, wird es schnell empfindlich kalt. Ein Lagerfeuer aus Yakmist liefert neben beißendem Rauch auch wohlige Wärme.

Abendlicher Blick von Pangpema auf die Nordwand des Kanchenjunga, 8586 m.

Beste Reisezeit

Ende März bis Anfang Mai sowie Mitte Oktober bis Ende November.

Infrastruktur

Noch vor wenigen Jahren gab es vielerorts einfache Lodges. Leider haben einige Betreiber ihren Nebenverdienst wieder aufgegeben. Sicher spielen dabei die früheren Maobadi-Steuern, neben der aus dem gleichen Grund nachlassenden Anzahl der Trekker eine Rolle. Ohne Organisation ist die Route zurzeit (2008) nur sehr tragefreudigen und hartgesottenen Trekkern zu empfehlen, welche die »Hungerabschnitte« mit eigener Ausrüstung und Verpflegung überbrücken können. Ob sich die Situation mit Verbesserung der politischen Lage wieder ändert, bleibt abzuwarten. Ein weiteres Handicap sind die wetterbedingt unzuverlässigen Flugverbindungen von und nach Suketar.

Anforderungen

Vielerorts geht es über die typischen, von den Bewohnern scheinbar möglichst unbequem angelegten »Natursteinpflasterwege« (hochkant und unregelmäßig aneinander geschichtete Steinplatten, meist rutschfest, dafür aber mit erhöhter Stolpergefahr!). In Bergrutschzonen kurze mitunter recht ausgesetzte Wegabschnitte.

Die etwa 3000 Meter hohe Nordwand des Jannu (Kumbhakarna), 7710 m, gilt als eines der anspruchsvollsten Bergsteigerziele weltweit. Fotografiert aus der Siedlung Kambachen.

Trekking Peaks

Anspruchsvolle Ziele für Alpinisten

Morgendämmerung beim Aufstieg zum Chulu Far East. Im Hintergrund erkennt man Annapurna II, 7937 m, und Annapurna IV, 7525 m.

Die Westansicht des Kusum Kanguru, 6369 m, fotografiert aus Monjo im Dudh-Kosi-Tal.

»Ich will doch auf einen richtigen Berg und nicht auf einen begrünten Aussichtshügel wandern!« So oder ähnlich lautet oft die Reaktion alpinistisch ambitionierter Himalaya-Neulinge, wenn sie während der Planungsphase bzw. bei der Auswahl ihres Zieles auf den Begriff »Trekking Peak« stoßen und diesen dabei allzu wörtlich nehmen.
Und tatsächlich wird dieser etwas unglücklich gewählte Begriff auch von vielen Reiseveranstaltern dazu benutzt, um manch harmlose Schotterkuppe zu einem lohnenden Gipfel zu erklären. Jede Trekkingtour braucht schließlich ihren Höhepunkt und mit einem tollen Gipfelziel lässt sie sich natürlich auch besser verkaufen. Und was verkauft wird, braucht selbstverständlich auch einen Namen.
Etwas sonderbar wirkt es allerdings, wenn zum Beispiel im nahezu unbewohnten Barun-Nationalpark – in der Umgebung großartiger, aber überwiegend namenloser Sechstausender – ausgerechnet eine vergleichsweise unbedeutende, etwa 5400 m hohe Rückfallkuppe den geheimnisvoll klingenden Namen »Daba Gyaltsen Ri« trägt. Hier drängt sich der unbewiesene Verdacht auf, dass vielleicht der Sirdar oder der Koch bei einer vorangegangenen Trekkingreise zur Bergtaufe Pate gestanden hat.
Doch damit keine Missverständnisse aufkommen: Hier sollen keineswegs diese oft faszinierend schönen, tatsächlich trekkend zu erreichenden Aussichtspunkte herabgesetzt werden. Denn auch diese fordern allein schon wegen ihrer Höhe – die den höchsten Punkt Europas oft mehr als deutlich übertrifft – einigen Einsatz und bieten auch ohne synthetische Namen unvergessliche landschaftliche Erlebnisse.
Vielmehr geht es hier um die Klärung des Begriffes »Trekking Peak«, wie ihn das Tourismusministerium in einer entsprechenden Gipfelliste definiert hat. Diese Liste benennt eine Reihe von Gipfelzielen in Nepal, die im Gegensatz zu Expeditionszielen im Rahmen einer Trekkingtour – also ohne Begleitoffizier und gegen Entrichtung einer deutlich geringeren Gipfelgebühr – bestiegen werden dürfen.
Die Gebühren betragen ca. 250 € für Gipfel der Gruppe B bzw. ca. 350 € für Gipfel der Gruppe A und gelten für maximal 4 Teilnehmer. Für weitere Teilnehmer ist eine zusätzliche Gebühr zu entrichten.
Voraussetzung ist generell die Einschaltung einer von der NMA (Nepal Mountaineering Association) anerkannten einheimischen Trekking-Agentur, welche ihrerseits eine Genehmigung bei der NMA einholt.
Zusammenfassend könnte man etwa sagen: Die offiziellen nepalesischen Trekking Peaks sind – im Vergleich zu Expeditionszielen – Gipfel, deren Fuß trekkend erreicht werden kann und für die man weiter die Erlaubnis erhält, sich mit geringerem finanziellen Einsatz trotzdem »mächtig klamme Finger zu holen«. Wer also den zunächst nahe liegenden Schluss zieht, diese sogenannten Trekking

Die Nordwestwand des Cholatse (Jobo Lhaptshan) vom Ngozumba-Gletscher.
Der Südwestgrat (rechts im Profil) sowie die im rechten Wandteil deutlich erkennbare Westrippe bilden die »leichtesten« und am häufigsten begangenen Anstiege.

Peaks seien grundsätzlich einfacher zu besteigen als die teuren Expeditionsziele, der liegt nur sehr bedingt richtig. Die große Höhe – meist über 6000 m – einmal außer Acht gelassen, reicht das rein technische Anforderungsprofil der Anstiege von der Klasse »Wildspitze-Normalweg« bis hin zu »Die Eigernordwand sollte man als Trainingstour gemacht haben«.
Was will man mehr? Dabei bleibt allerdings unergründlich, von welchem Teufel das Ministerium für Tourismus bei der Freigabe von »Trekking-Gipfeln« wie etwa dem höllisch anspruchsvollen Kusum Kanguru geritten wurde, während einige vergleichsweise einfache »Gletscherhatscher« nur mit Expeditionsbewilligung zu haben sind.
In der bis zu 70° steilen Flanke des Normalweges auf den Kusum Kanguru herrscht oft über lange Zeit hinweg einsame Stille. Dabei thront dieser 6369 m hohe Gipfel direkt über Lukla, dem Ausgangspunkt fast aller Unternehmungen im Khumbu-Gebiet. Bedenkt man, dass in den Basislagern manch prestigeträchtiger Expeditionsziele trotz der großen Höhe zu bestimmten Zeiten recht »dicke Luft« herrscht, wäre dieser grandiose Doppelgipfel eine echte und geldbeutelschonende Alternative, um der konfliktgeladenen Ansammlung von gleichgesinnten Individualisten zu entfliehen. Wenn nur nicht das Wort Trekking vor Peak

Die Nordseite des Naya Kanga, 5844 m, aus der Nähe von Kyangjin (Langtang-Region). Der übliche Anstieg führt von links her (vom verdeckten Ganja La) zur markanten Gletscherrippe und weiter über den Firngrat zum Gipfel.

alle Aussicht auf den vielleicht auch erhofften Ruhm vernichten würde.

Dass die Engländer mit diesem renommée-mindernden Begriff gelassener umgehen, bewies Doug Scott 1986 mit der Eröffnung einer Neutour über den Nordwestpfeiler zum Nordgipfel des bereits erwähnten Kusum Kanguru. Auch der Wunsch, den Weg nicht bis zum Hauptgipfel fortzusetzen – »um die Natur der beidseitig schön geformten Wechtensäume nicht zu zerstören« – entspricht dabei dem sprichwörtlichen Understatement der Briten.

Doch noch andere große Namen finden sich in der Besteigungsgeschichte dieser Gipfelkategorie. So eröffneten zum Beispiel die Amerikaner David Breashears und Jeff Lowe 1982 eine Route durch die anhaltend schwierige und 1400 m hohe Nordwand des Kongde Lho, die bis heute kaum Wiederholer fand.

Dies jedoch nur als herausragende Beispiele, die im Folgenden näher charakterisierten Trekking-Gipfel bieten nämlich lohnende Ziele in allen Schwierigkeitsklassen. Hierbei ist aber noch zu erwähnen, dass die Angaben zu den einzelnen Gipfeln hier nur vorbehaltlich gemacht werden können. Obwohl viele Recherchen vor Ort durchgeführt wurden, konnten dabei die einzelnen Routen natürlich nur zu einem sehr kleinen Teil begangen werden. Zudem wurde im Jahr 2002 die klassische Liste der Trekking Peaks (von der NMA nun in Gruppe B eingeteilt) um 15 zusätzliche Gipfel (Gruppe A) erweitert. Diese neue Kategorie ist gleichfalls eine recht willkürliche und inhomogene Mixtur von Zielen. Hier finden sich einfache Berge – deren Besteigung bisher auch ohne spezielle Genehmigung geduldet wurde – ebenso wie berühmte ehemalige Expeditionsziele, wie etwa der Cholatse, und nahezu unbekannte (offiziell teilweise noch unbestiegene?) Gipfel, über die selbst von der NMA kaum Informationen erhältlich sind. Für die Gruppe B jedoch muss an dieser Stelle das einzige umfassende Führerwerk über die klassischen Trekking Peaks in Nepal von Bill O'Connor erwähnt werden (siehe Literaturliste).

Alle hier aufgelisteten Gipfel erfordern vor ihrer Besteigung eine ausreichende Akklimatisation. Selbst wenn der Zugang in wenigen Tagen möglich ist, sollte man dies im Interesse der eigenen Gesundheit berücksichtigen. Sind also bei den Beschreibungen Zeiten für den Zugang (meist vom nächsten mit Bus bzw. per Inlandsflug erreichbaren Ort) angegeben, so gelten diese nur für bereits akklimatisierte Bergsteiger. Idealerweise wird man diese Gipfel also als abschließenden Höhepunkt einer Trekkingtour einplanen, woraus sich der unglücklich gewählte Begriff Trekking Peak nun doch noch durch einen sinnvollen Bezug erklärt. In jedem Fall sind jedoch, auch bei den leichteren Gipfeln, mindestens 2 zusätzliche Tage einzuplanen. Bei nahezu allen Zielen hat man neben den rein technischen Anforderungen auch mit objektiven Gefahren zu rechnen. Die Besteigung der anspruchsvolleren Berge erfordert zum Teil einen expeditionsartigen Aufwand.

Annapurna- und Manaslu-Region

Hiunchuli, 6441 m (B)
Annapurna Himalaya
Vom Sarankot, einem bekannten Aussichtshügel bei Pokhara, trennen uns etwa 5000 Höhenmeter vom Gipfel des Hiunchuli. Die von der Annapurna South deutlich nach Osten abgesetzte Lage macht diesen weithin sichtbaren Koloss zu einem Berg von großer Individualität und Anziehungskraft. Die Schwierigkeiten am Berg sind beträchtlich und machen ihn zu einem sehr anspruchsvollen Ziel.
Die Route der Erstbesteiger führt über die steilen Rinnen und verwickelten Séraczonen der Südostwand und verlangt über weite Strecken sehr anspruchsvolle Eiskletterei. Während der ersten Begehung wurden auf diesem Weg drei Hochlager eingerichtet. Ein weiterer Anstieg führt durch die erst später von einem Japaner solo begangene Nordwestwand. Das Basislager an der Ostflanke bzw. unter der Nordflanke ist ab Phedi (Straße von Pokhara) in etwa 5 bzw. 6 Tagesetappen zu erreichen.
Südostwand: Craig Anderson mit dem Team L. Smith, J. Skow, P. Cross und J. Richards, im Oktober 1971. Nordwestwand: Solobegehung durch Masayuki Ando, 1984.

Tharpu Chuli (Tent Peak), 5663 m (B)
Annapurna Himalaya
Der Tharpu Chuli bietet einige interessante Eisrouten und gehört zu den häufig besuchten Bergzielen im Annapurna-Gebiet. Er bildet für viele Bergsteiger das Highlight der relativ kurzen Trekkingtour zum südseitigen Basislager der Annapurna. Der übliche Weg führt über eine etwa 45° bis 50° steile Eisflanke zum Nordwestgrat und über diesen zum Gipfel. Ein weiterer, etwas schwierigerer Anstieg leitet durch ein Couloir im rechten Teil der Südwand auf den Südostgrat und über diesen – teilweise in felsigem bzw. kombiniertem Gelände – zum Gipfel. Der schwierige, direkte Eisanstieg über die Südwestwand wird eher selten begangen.
Das Basislager liegt nördlich des Annapurna South Glacier am Südfuß des Berges auf einer Höhe von etwa 4200 m. Bei allen Routen ist es üblich, ein Hochlager bei etwa 5000 m zu errichten. Der Zugang erfolgt auf der klassischen Trekkingroute zum An-

Abendstimmung am Chulu-Hochlager: Rechts der Pisang Peak, 6092 m, im Hintergrund erkennt man Manaslu, 8163 m, Ngadi Chuli, 7871 m, und Himalchuli, 7893 m.

Südansicht des Hiunchuli, 6441 m, von der Ortschaft Dhampus aus gesehen.

napurna-Heiligtum (Basislager der Annapurna-Südwand). Ab Phedi (Straße von Pokhara) benötigt man für den Anmarsch etwa 5 Tage.

Nordwestgrat: Günter Hauser und Gefährten, Frühjahr 1965. Südwestwand: Rick Allen mit einem Sherpa, 1980.

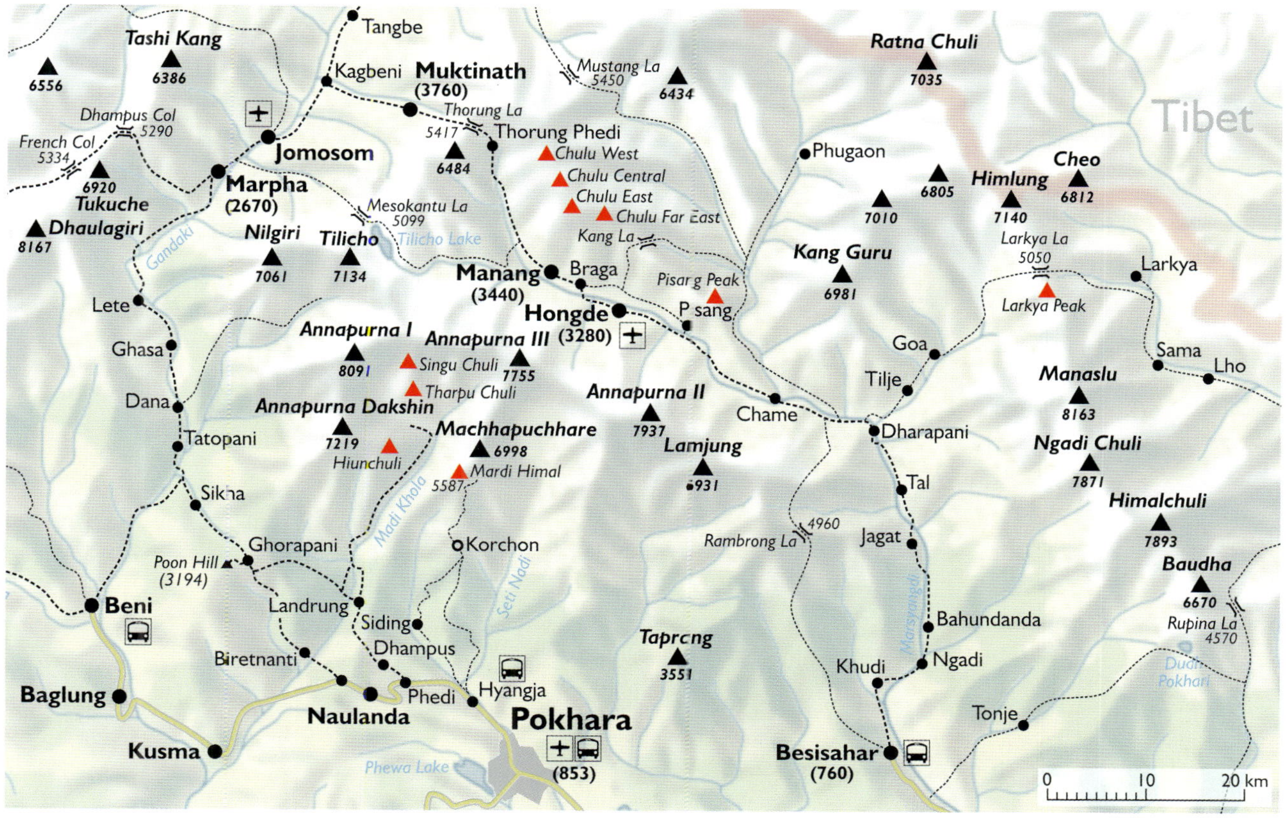

Singu Chuli (Flutet Peak), 6501 m (B)

Annapurna Himalaya

Der Singu Chuli ist ein schöner, der gewaltigen Mauer der Annapurna-Südseite etwas vorgelagerter Firngipfel. Er diente schon vielen Teilnehmern von Annapurna-Südwand-Expeditionen als Trainings- bzw. Akklimatisationsziel. Entsprechend dem Niveau dieser Spitzenbergsteiger ist der früher auch Flutet Peak genannte Gipfel keinesfalls ein leichtes Ziel. Alle Anstiege an diesem ausgesprochen reizvollen Berg erfordern großen Einsatz und solides bergsteigerisches Können.

Die erste Besteigung erfolgte über die Nordostwand, und zwar durch das gleiche Team, das zuvor bereits die legendäre Fast-Erstbesteigung des Machhapuchhare durchgeführt hatte. Der von den Schwierigkeiten her jedoch etwas moderatere Anstieg verläuft über den Südgrat, ein nahezu reiner Eisanstieg über einen scharfen, mitunter verwechteten Firngrat. Als modernste

Route gilt der sehr schwierige Eisanstieg durch die Westwand.
Das Basislager ist identisch mit dem des Tharpu Chuli und ab Phedi in 5 Tagen zu erreichen, je nach Route sind jedoch mehrere Hochlager einzuplanen.
Nordostwand: David Cox und Wilfried Noyce, 1952. Westwand: Alex McIntyre, Rene Ghilini und John Porter, Herbst 1982. Südgrat: Erstbegeher nicht bekannt.

Mardi Himal, 5587 m (B)
Annapurna Himalaya / Mardi
Der Mardi Himal ist zwar einer der niedrigsten Gipfel in dieser Liste, die fast greifbare Nähe zum grandiosen Machhapuchhare und der einsame, ungeheuer reizvolle Zugang machen ihn aber zu einem sehr attraktiven Bergziel. Die rein technischen Schwierigkeiten stellen für geübte Berggänger normalerweise kein besonderes Hindernis dar. Im Wesentlichen verläuft der Normalanstieg durch eine Firn- bzw. Schuttrinne in der Südostflanke. Der Abschluss dieser Rinne bildet dann auch die schwierigste Stelle, eine kurze, gelegentlich vereiste Aufsteilung von etwa 45° Neigung. Allerdings besteht hier nach Neuschneefällen erhöhte Lawinengefahr. Ein guter Platz für ein Lager findet sich auf einer kleinen Schuttebene unterhalb der Rinne bei etwa 4900 m. Der

Der Gipfel des Mardi Himal, 5587 m. Der Aufstieg führt von rechts durch das hier vom schrofigen Vorbau verdeckte Tal.

Rast beim Aufstieg zum Basislager des Mardi Himal. Im Hintergrund die Annapurna Dakshin (Annapurna South), 7219 m, und der Baraha Shikhar (Fang), 7647 m.

Die Nordwestwand des Pisang Peak, 6092 m. Der Normalanstieg verläuft von rechts her über die im Profil sichtbare Flanke.

Zugang erfordert ab Hyangja (Straße von Pokhara) etwa 6 Tage, mit Akklimatisierung sollte man aber mindestens 14 Tage für das gesamte Unternehmen einplanen.
Eine Schwierigkeit beim Zugang ist die Wasserversorgung in den für die Besteigung des Berges idealen, trockenen Herbstmonaten. Wer die Strecke oberhalb der Waldgrenze über die ausgedörrten Kämme von Korchon bis zum ersten Schnee ohne Durst bewältigen will, der tut gut daran, wirklich ortskundige Begleiter mitzunehmen. Wasser gibt es nur deutlich unterhalb des Kammes in den Flanken und ist meist nur schwer zu finden.
Weitere, leider nicht näher dokumentierte Routen wurden an den mäßig schwierigen Felsrippen der Südwestflanke eröffnet.
Südostflanke: Zwei namentlich nicht bekannte Sherpas und Jimmy Roberts, 1961.

Pisang Peak, 6092 m (B)
Manang Himalaya
Der Pisang Peak gehört zu den häufiger bestiegenen Trekking-Gipfeln. Dazu haben vor allem die anziehende Erscheinung und die Lage im Zentrum des wohl beliebtesten Trekkinggebietes in Nepal beigetragen.
Der Aufstieg erfolgt über die Südwestflanke und den daran ansetzenden Südwestgrat: Eine Route, die bei insgesamt eher mode-

Basislagerplatz für die Besteigung von Chulu East bzw. Chulu Far East. Die abendliche Kulisse im Westen bildet die Annapurna III, 7755 m (links), die Gangapurna, 7454 m (Mitte), und die Annapurna I, 8091 m (rechts hinten).

raten Anforderungen aber keinesfalls unterschätzt werden sollte. Die steile Flanke und der folgende ausgesetzte Firngrat erfordern während des gesamten Auf- bzw. Abstieges – besonders bei hartem Firn – volle Konzentration.
Das Basislager liegt auf etwa 4400 m am Südwestfuß des Berges. Zusätzlich ist es üblich, bei etwa 5400 m ein Hochlager einzurichten. Der schnellste Zugang erfolgt durch das Marsyangdi-Tal und erfordert ab Besisahar etwa 8 Tage. Das Marsyangdi-Tal ist der erste Abschnitt der klassischen Annapurna-Runde. Will man die Besteigung des Pisang Peak mit dieser Rundtour verbinden, ist es zur Akklimatisation günstiger, die Runde in umgekehrter Richtung durchzuführen.
Südwestflanke: J. Wellenkamp, Solobegehung 1955.

Chulu East, 6558 m (B)
Chulu Far East, 6058 m (B)
Manang Himalaya
Der Chulu Far East ist ein ideales Ziel für Bergsteiger, die zu ihrem Gipfelglück nicht zwangsläufig extreme technische Schwierigkeiten brauchen. Doch ist auch dieser mächtige, stark vergletscherte Bergrücken nicht unter der Rubrik »Wandergipfel« zu verbuchen. Der Südwestgrat erfordert konzentriertes Steigeisengehen in bis zu 45° steilem Gelände – in dem man sich keine Fehltritte erlauben darf. Nach Neuschneefällen herrscht zudem große Lawinen- bzw. Schneebrettgefahr!
Trotz der breit gelagerten und großzügigen Erscheinung des Berges wird der höchste Punkt durch eine riesige, überhängende Wechte gebildet. Wer es hier zu genau nimmt, ab welchem Punkt ein Berg als bestiegen gilt, der hat im Falle allzu großer Pedanterie mitunter schlechte Chancen, das kurze Gipfelglück zu überleben.
Das Basislager liegt unterhalb der Westflanke des Chulu Far East auf einer geräumigen Schuttebene (bei ca. 4900 m). Ein geeigneter Platz für ein Hochlager befindet sich nordwestlich davon auf einer Höhe von etwa 5400 m, und zwar genau unterhalb der Einsattelung, welche die beiden Chulu-Gipfel trennt. Dieses Hochlager ist gleichermaßen auch der Stützpunkt zur Besteigung des technisch etwas anspruchsvolleren Chulu East. Beide Routen führen zunächst durch ein etwa 40° steiles Couloir auf die oben genannte Einsattelung. Der Südwestgrat zum Chulu Far East setzt genau an diesem Sattel an und führt über mehrere steile Aufschwünge zum Gipfel. Die Route zum Chulu East führt vom Sattel zunächst in das jenseitige Gletscherbecken hinab (hier Möglichkeit für ein weiteres Hochlager), um gegenüber den Nordostgrat zu erreichen, über den der weitere Anstieg verläuft.
Der Zugang zum Basislager durch das Marsyangdi-Tal und das Tal des Chhetaji Khola erfordert ab Besisahar etwa 9 Tage.
Chulu Far East Südwestgrat: Erstbegeher nicht bekannt. Chulu East Nordostgrat: J. Wellenkamp, H. Biller und F. Lobbichler, 1955.

Beim Aufbau eines Hochlagers unterhalb des Chulu East. Links am Horizont erkennt man Manaslu, 8163 m, Ngadi Chuli, 7871 m, und Himalchuli, 7893 m. Im Mittelgrund der Pisang Peak, 6092 m, rechts davon der tiefe Einschnitt des Marsyangdi-Tales und dahinter die Gipfel des Lamjung Himalaya sowie die riesige Ostwand der Annapurna II, 7937 m.

Windgeschützte Rast, unterhalb des Gipfelkopfes des Chulu Far East. Rechts im Hintergrund der Pisang Peak, 6092 m.

Der Chulu Far East, 6058 m, fotografiert von einer Lodge in Hongde. Der Aufstieg verläuft über den markanten, links im Profil sichtbaren Firngrat.

Chulu West, ca. 6270 m (B)
Chulu Central, ca. 6370 m (B)

Manang Himalaya

Beide Gipfel werden vergleichsweise selten besucht und sind auch schwieriger zu besteigen als ihre östlichen Nachbarn. Die Höhenangabe der beiden Gipfel scheint sehr umstritten und differiert um bis zu 100 Hm (je nach Kartengrundlage).

Das Basislager liegt unterhalb der Nordwestwand des Chulu West auf etwa 5200 m und wird durch ein kleines Seitental erreicht, welches vom Marsyangdi-Tal in nordöstlicher Richtung abzweigt.

Der Schlüssel für beide Routen ist eine Felsrampe, die vom Basislager zur Nordwestschulter des Chulu West führt. Auf dieser Schulter richtet man für gewöhnlich auf einer Höhe von etwa 5500 m ein Hochlager ein. Der Weiterweg zum Chulu Central führt ab hier über die steile Nordwestflanke. Zum höheren und weiter entfernten Chulu West traversiert man von hier zunächst in östlicher Richtung, um den Beginn des Nordwestgrates zu erreichen. Diesem folgt man schließlich bis zum Gipfel.

Nordwestgrat des Chulu West: Dr. Larry Zaroff, Peter Lev, Jambo Sherpa und Lhakpa Nuru Sherpa, im Herbst 1978. Nordwestflanke des Chulu Central: Rudolph Scheitl, Sona Gyao Sherpa, Sonam Chottar Sherpa und Kevin O'Connell 1981.

Chulu East und Chulu Central gesehen vom Gipfel des Chulu Far East. Links im Hintergrund die Annapurna I. Der Anstieg zum Chulu East verläuft über den Schneesattel (links unten), quert das Gletscherbecken und erreicht so die felsdurchsetzte Schneerampe (rechts der Bildmitte) und über diese den in voller Länge sichtbaren Nordostgrat.

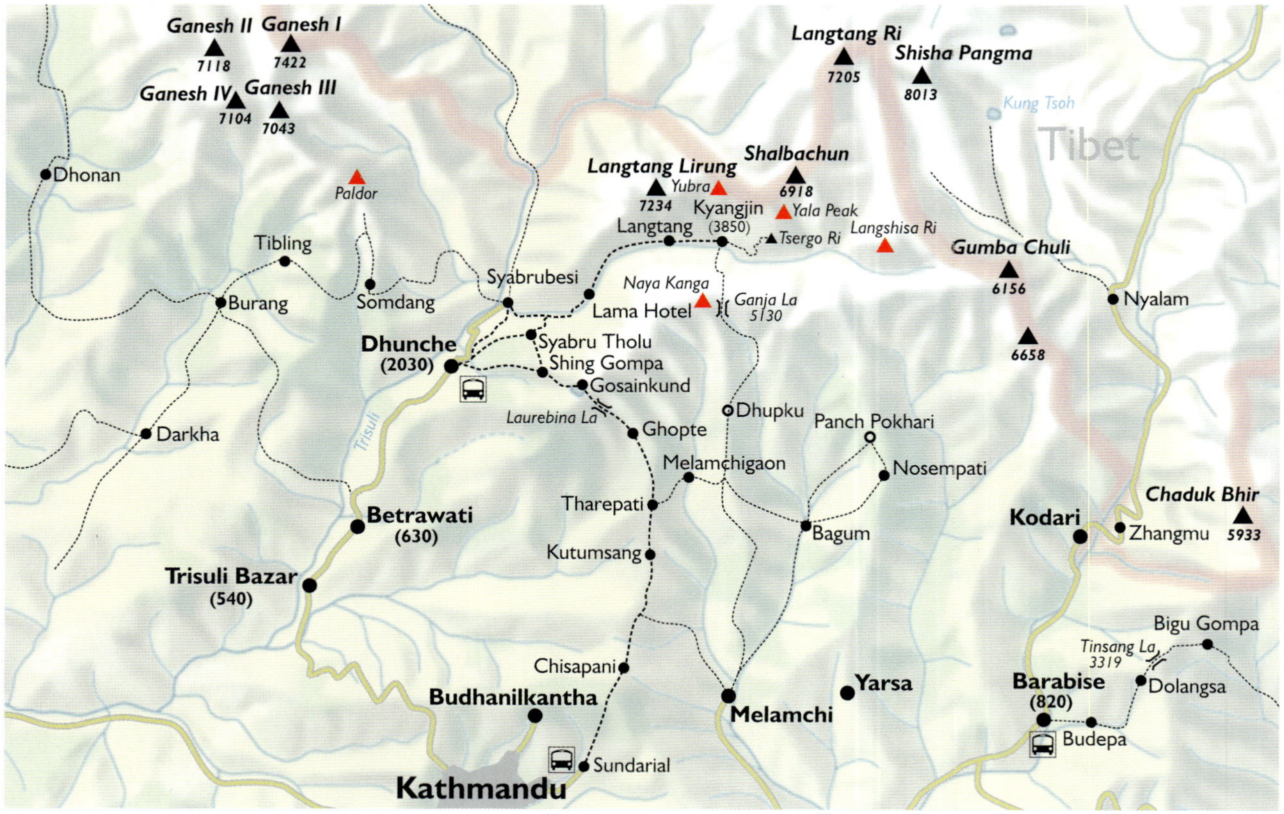

Steil und unnahbar, die Westwand des Langshisa Ri, 6427 m, fotografiert vom Weg nach Langshisa Kharka.

Beim Aufstieg zum Tsergo Ri bietet sich ein schöner Blick zur Nordwand des Naya Kanga (in Bildmitte), 5844 m. Links des Naya Kanga erkennt man den markanten Einschnitt des Ganja La, 5130 m.

Ganesh- und Langtang-Region

Paldor, 5928 m (B)

Ganesh Himalaya

Der Paldor liegt im eher stillen und von Touristen wenig besuchten Ganesh Himalaya. Alle Anstiege sind grundsätzlich eher als anspruchsvoll zu bezeichnen. Diese Tatsache sorgt, zusammen mit der für manchen Bergsteiger wohl undankbaren Höhenangabe, für eher wenig Zulauf. Die von den hohen Bergriesen des Ganesh Himalaya etwas abgesetzte Lage verleiht dem Paldor jedoch eine große Eigenständigkeit.

Der leichteste Anstieg führt über den östlichen Paldor-Gletscher zu einem Sattel (Windy Col) und weiter über den Nordostgrat zum Gipfel – eine Route mit steilen Eispassagen und teilweise kombiniertem Gelände. Weitere, allesamt recht anspruchsvolle Routen verlaufen über den Südostgrat, den Südwestpfeiler und den Westgrat. Das Basislager liegt am Südfuß des Berges und ist von Dhunche aus in etwa 10 Tagen zu erreichen.

Nordostgrat (Tilmangrat): Bill Tilman, Peter Lloyd, Tenzing Sherpa und Da Namgyal, 1949.
Südostgrat: John Cleare und Ian Howell, 1974.
Südwestpfeiler: Sandy Allen mit Sherpas, 1986.
Westgrat: Nick Yardley, Gareth Yardley und Dave O'Dowd, 1986.

Yala Peak, 5732 m (A)
Langtang Himalaya
Der mäßig schwierige Anstieg zum Yala Peak lässt sich in einer langen Tagestour von der Yala-Alm aus durchführen. Der gebräuchlichste Gipfelanstieg verläuft dabei über den vergletscherten Südrücken. Alternativ kann man auch in mäßig schwieriger Kletterei über den Felsgrat rechts des Gletschers ansteigen. Das Basislager bei der Yala-Alm erreicht man von Dhunche bzw. Syabrubesi aus in etwa 6 Tagen.

Yubra Himal, 6212 m (A)
Langtang Himalaya
Der Yubra Himal befindet sich (laut der Langtang-Karte 3004 von National Geographik) östlich des Kimshun und ist vom Tal aus nicht sichtbar. Die Zugänge vom Langtang-Tal aus scheinen eher wenig einladend (Hängegletscher).

Langshisa Ri, 6427 m (A)
Jugal Himalaya
Der Langshisa Ri liegt im Talschluss des Langtang Khola. Die Besteigung des ehemaligen Expeditionsgipfels ist auch heute noch mit entsprechendem Aufwand verbunden und eher schwierig einzustufen.

Naya Kanga, 5844 m (B)
Ganja La Himalaya / Jugal Himalaya
Der Naya Kanga bildet den Kulminationspunkt des Chimsedang Lekh, einer Bergkette, die dem Langtang Himalaya südlich vorgelagert ist und im Osten durch den 5130 m hohen Ganja La mit dem Jugal Himalaya verbunden ist. Dieser Pass bildet auch den Zugang zu diesem sehr eigenständigen Gipfelziel.
Obwohl der Berg noch andere Möglichkeiten bieten würde, wird nahezu ausschließlich die Route über die Nordostflanke und den Nordgrat begangen. Die Schwierigkeiten dieser steilen Gletscherroute halten sich mit einigen etwa 55° steilen Eispassagen in beherrschbaren Grenzen, sodass geübte Eisgeher – gute Bedingungen vorausgesetzt – wohl kaum mit Problemen zu rechnen haben. Das Basislager auf der Nordseite des Ganja La erreicht man durch das Langtang-Tal. Ab Dhunche bzw. Syabrubesi (bis hierher Busverbindung) sind etwa 8 Tage Anmarsch zu veranschlagen.

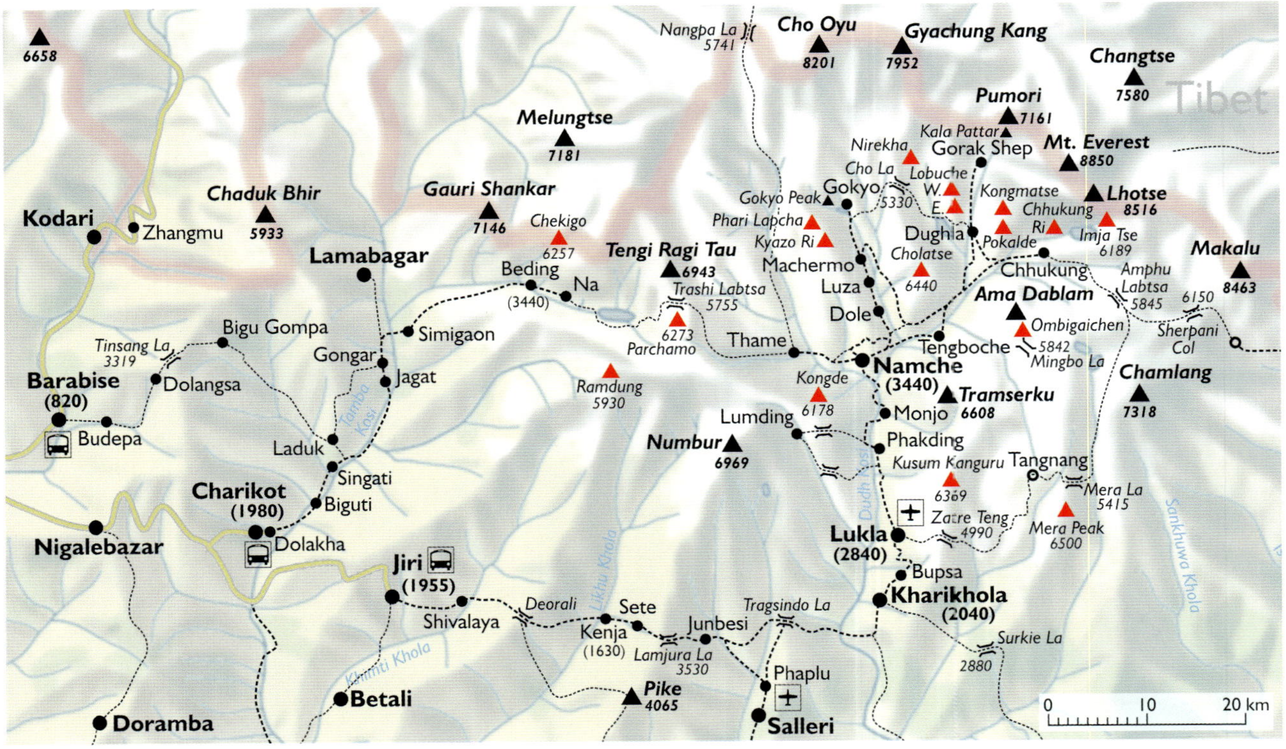

Der Gipfel des Chekigo, 6257 m, von Südwesten aus dem Rolwaling-Tal gesehen. Versetzt dahinter der etwas höhere Bamongo, 6400 m.

Rolwaling- und Khumbu-Region

Chekigo, 6257 m (A)

Rolwaling Himalaya

Sobald man das Rolwaling-Tal oberhalb von Simigaon betritt, setzt sich linker Hand eine mächtige, nahezu formvollendete Eispyramide in Szene. Da der Gipfel nur wenig bekannt und erst seit kurzer Zeit freigegeben ist, gab es bisher auch kaum Aktivitäten an diesem schönen Berg. Der Chekigo liegt nordöstlich von Beding im Grenzkamm zu Tibet.

Der beste Zugang vom Sherpadorf Beding führt zunächst zum 5616 m hohen Menlung La. Nach einem ersten erfolglosen Versuch am Nordostgrat durch ein britisches Team gelang 2005 einer Expedition des AAC Zürich die Erstbesteigung über die etwa 300 Meter hohe und ca. 50° steile Westwand.

Westwand: Bruce Normand und Oliver von Rotz am 15. Mai 2005.

Ramdung, 5930 m (B)

Rolwaling Himalaya

Früher galt dieser schöne Gletschergipfel noch als Sechstausender, neuere Vermessungen haben ihn jedoch zu einem, wenn auch sehr hohen Fünftausender degradiert. An der grandiosen Aussicht zum Gauri Shankar und den vielen einsamen Rolwaling-Gipfeln hat dies natürlich nichts geändert. Auch die Bergsteiger werden beim Gipfelanstieg nicht leichter atmen als in früheren Jahren. Jene aber, die solchen Zahlenspielen keine besondere Bedeutung beimessen, erkennen im Ramdung ein grandioses, eher selten begangenes Bergziel mit moderaten Schwierigkeiten.

Der Zugang erfolgt meist auf dem klassischen Rolwaling-Trek von Charikot durch das Tamba-Kosi-Tal und weiter über den Hauptort Beding nach Na, 4180 m. Ab Na folgt man südwärts dem Weg zum Yalung La und erreicht so den Ramdung-Gletscher. Der Anstieg führt dann über die Nordostflanke und den zum Ende hin noch ordentlich aufsteilenden Gipfelkopf. Je nach Leistungsstand sind für den Aufstieg ab Na etwa 1 bis 2 Hochlager erforderlich.

Alternative und einsame Zugänge zum Yalung La bieten sich von Südwesten entlang dem Khani Khola oder von Süden aus dem Solu entlang dem Khimti Khola an.

NO-Flanke: Bill Murray und Gefährten, 1952.

Parchamo (Parchamuche), 6273 m (B)

Rolwaling Himalaya

Der Parchamo ist das klassische Gipfel-Highlight der schwierigen Trekkingroute vom Rolwaling-Tal über den gefährlichen Trashi-Labtsa-Pass ins Khumbu-Gebiet. In jüngster Zeit wird der Parchamo aber auch öfter von der Khumbu-Seite her bestiegen. Das Hochlager befindet sich östlich unterhalb des Passes unter einem Felsvorsprung, der Sicherheit vor dem häufigen Steinschlag bietet. Besonders gefährdet ist jedoch eine Eis- bzw. Schuttrinne, die den Zugang von bzw. den Abstieg zur Khumbu-Seite bildet. In diese Rinne gelangt nahezu jeder Stein, der sich bei Sonneneinstrahlung aus der Südostwand des mächtigen Tengi Ragi Tau löst. Vorwiegend am Nachmittag hat dieser Umstand leider schon einige Todesopfer

gefordert. Wer nicht lebensmüde ist, begeht diese Rinne also nach Möglichkeit in den kühlen Morgenstunden, auch wenn es mitunter schwerfällt, nach dem Abstieg vom Parchamo noch eine weitere Nacht im kalten Hochlager unter dem Pass zu verbringen.

Der Aufstieg vom Hochlager zum Gipfel des Parchamo ist eine bei guten Firnverhältnissen objektiv weitgehend sichere Eistour mit Aufschwüngen, deren Steilheit bis zu 50° beträgt. Wechselnde Spaltenverhältnisse können jedoch knapp unter dem Gipfelbereich den Aufstieg zusätzlich erschweren und unter ungünstigen Bedingungen sogar vereiteln.

Nordwestflanke: Dennis Davis und Phil Boultbee, 1955.

Kongde (Kwangde Ri), 6178 m (B)

Rolwaling Himalaya / Khumbu

Kongde Lho, 6178 m; Kongde Shar, 6093 m; Kongde Nup, 6035 m; Kongde South, 5885 m

Das viergipfelige Massiv des Kongde erhebt sich westlich von Namche und zeigt dabei diesem zentralen Marktflecken im Herzen des Khumbu seine spektakulärste Seite.

Neben den extrem schwierigen Routen durch die Wände erschließt sich dem Betrachter von dieser Seite vor allem der Nordostsporn mit seiner geradezu klassisch logischen Linie entlang der Pfeilerkante. Weniger extrem als die Wandrouten, aber doch in gehobener Schwierigkeit, führt dieser Pfeiler unverkennbar direkt zum Gipfel des Kongde Shar. Die Erstbegeher berichten von kompaktem, gutem Granit mit einigen kombinierten Passagen. Mögliche Lagerplätze für die Nordrouten finden sich an den Hängen oberhalb des Bhote Koshi und sind von Namche aus in 1 bis 2 Tagen zu erreichen.

Etwas zugänglicher, aber nicht wirklich leicht zeigt sich die Südseite des Kwangde Ri. Hier führt der Weg der Erstbegeher über den Südgrat zum Hauptgipfel. Dieser Weg ist mit Felsschwierigkeiten bis III und Eispassagen um etwa 50° auch die leichteste Route zum Hauptgipfel, dem Kongde Lho. Et-

Zeltlager auf der Randmoräne des Drolambao-Gletschers, dahinter der Trashi Labtsa Danda mit dem Parchamo-Gipfel (links), 6273 m.

Der Parchamo von Nordosten. Der Normalanstieg verläuft von links über den Nordrücken.

was leichter ist von dieser Seite aus die Route zum Kongde Nup, hier liegen die Hauptanforderungen vor allem im ca. 50° steilen, aber mit Séracs garnierten Eis. Das Basislager für die Routen an der Südseite liegt im oberen Lumding-Tal und ist von Lukla aus in 4 Tagen zu erreichen.

Kongde Lho, 6178 m. Südgrat: Lharkpa Tenzing, Sonam Gyalzen, Shambhu Tamang und Sonam Hisi, 1975. Nordwand: Jeff Lowe und Dave Breashears, Herbst 1982.

Kongde Shar, 6093 m. Südwand: Dr. Karl Dieter Fuchsberger, Helmut Schäfer, Franz Bischof, Wolfgang Reichert und Franz Durschmidt, 1972. Nordostsporn: Lindsay Griffin und Roger Everett, Herbst 1978.

Kongde Nup, 6035 m. Südwand und Südgrat: John Ball und Kurt Arenoe 1984.

Kongde South, 5885 m. Rob Burnoe, Pemba Norbu Sherpa, Jim Traverso und Eric Band.

Kyazo Ri, 6186 m (A)

Khumbu

Der Kyazo Ri liegt in dem lang gestreckten Bergkamm, der das Gokyo-Tal im Westen begrenzt.

Die erste genehmigte Besteigung erfolgte aus einem Basislager oberhalb der Ortschaft Machhermo im Gokyo-Tal auf einer etwas komplizierten Route. Vermutlich war dies aber auch die Erstbesteigung. Sie gelang im Oktober 2002, also bereits im gleichen Jahr, in dem der Gipfel als Trekking Peak zur Besteigung freigegeben wurde.

Der Weg führt von einem ersten, unter der Ostwand eingerichteten Hochlager über den hier ansetzenden Hängegletscher zu einem weiteren Hochlager am Südostsattel des Berges. Der eigentliche Gipfelanstieg erfolgt dann über den Südwestgrat, den man vom zweiten Hochlager durch Traversieren des Kyazo-Gletschers erreicht.

Dieser Anstieg weist zahlreiche kombinierte Passagen sowie bis zu 60° steile Eisabschnitte auf und wurde von den Erstbesteigern als schwierig eingestuft. Von Lukla bis Machhermo benötigt man etwa 5 Tage.

Ostflanke/Südwestgrat: Duncan Wilson, Julien Ferrera, Laurent Beurel, Veronique Marche-Wilson und Vincent Marche, Oktober 2002.

Cholatse, 6440 m (A)

Khumbu

Der Cholatse gehört zu den eindrucksvollsten Berggestalten im Khumbu und galt über viele Jahre hinweg als begehrtes und schwieriges Expeditionsziel. Die Einordnung als Trekking Peak hat nun den Aufwand zum Erhalt einer Besteigungsgenehmigung wesentlich vereinfacht, nicht aber die Routen, die zum Gipfel führen.

Am Cholatse ist für Gelegenheitsbergsteiger schlichtweg nichts zu holen. Die 1984 erstmals begangene und extrem steile Nordwand gilt als sehr gefährlich und wurde bislang nicht wiederholt. Als relativ sicher und für extreme Eiskletterer sehr lohnend gelten dagegen die Routen über den Südwestgrat und die Westrippe. Bei beiden Routen liegen die Hauptanforderungen im

Der Kyazo Ri, 6186 m, von der Ortschaft Gokyo gesehen. Im Vordergrund der Gokyo-See.

Der Lobuche East, 6119 m, fotografiert von der Passhöhe des Cho La.

Die Nordostansicht des Kongde-Massivs. Ganz links der Kongde South, 5885 m, rechts Kongde Shar, 6093 m, und Kongde Lho, 6178 m, ganz rechts der Kongde Nup, 6035 m.

äußerst steilen und an den Schlüsselpassagen senkrechten bis überhängenden Eis. Der Zugang erfolgt im Wesentlichen auf der häufig begangenen Trekkingroute von Lukla Richtung Gokyo, etwa 7 Tage bis zum Cholatse-Gletscher am Westfuß des Berges. *Südwestgrat: Vernon Clevinger, John Roskelley, Galen Rowell und Bill O'Connor, April 1982. Westrippe: Greg Collins, Andy Selters und Thomas Walter, Oktober 1988. Nordwestgrat: Andy Selters und Thomas Walter, Oktober 1988. Nordwand: Todd Bibler, Cathy Freer, Renny Jackson und Sandy Steward, April 1984.*

Nirekha, 6159 m (A)

Khumbu

Der Nirekha liegt nordöstlich des Cho-La-Passes im gleichen Kamm, der auch die beiden Lobuche-Gipfel trägt. Genau nördlich des Cho-La-Passes gibt es einen weiteren Pass (dieser ist in der Khumbu-Karte von National Geographic als Cho La Col, 5690 m, eingetragen). Hier setzt der ausgesetzte, etwa 50° steile Westgrat zum Nirekha-Gipfel an.

Als Platz für ein Basislager bietet sich ein kleiner See auf etwa 5100 m unterhalb des Cho-La-Passes an. Von Lukla aus ist dieser See in etwa 6 Tagen über die Orte Luza und Dragnag zu erreichen.

Erstbegeher nicht bekannt.

Lobuche East, 6119 m (B)

Khumbu

Schon durch seine beeindruckende Erscheinung verrät uns der Lobuche East, dass er nicht in die Kategorie der leichten Trekking Peaks gehört. Besonders vom Cho-La-Pass zeigt er sich als filigran steiler Firnzahn. Am häufigsten wird am Lobuche der Südgrat begangen, bereits der Weg bis zum Vorgipfel ist dabei durch anspruchsvolle Passagen gekennzeichnet. Der Übergang zum Hauptgipfel stellt dann – nach einer Abseilaktion in die trennende Scharte – nochmals erhöhte Anforderungen an seine Begeher, wenn es darum geht, das scharfe und ausgesetzte Profil des oberen Südgrates zu überwinden. Viele Seilschaften verzichten hier auf den schneidigen Hauptgipfel und begnügen sich mit dem etwas niedrigeren Vorgipfel, dem sogenannten »Falschen Gipfel«.

Das Basislager liegt in einem Seitental am Südfuß des Berges.

Von Lukla aus benötigt man etwa 5 Anmarschtage. Man benutzt dazu über weite Teile die klassische Trekkingroute zum Everest-Basislager.

Südgrat: Laurence Nielson und Ang Gyalzen Sherpa, 1984. Ostgrat: Todd Bibbler und Catherine Freer, 1985. Ostwand-Couloir: Jeff Lowe und Henri Kendal, 1986.

Kongmatse, 5820 m, aus der Nähe der Ortschaft Lobuche fotografiert. Im Hintergrund erkennt man rechts noch den Pokalde.

Die Nordwestseite des Pokalde, 5806 m, fotografiert aus der Nähe von Dughla.

Blick über den Gletschersee Imja Tsho zum Chhukung Ri, 5550 m. Im Hintergrund der Cho Oyu, 8201 m.

Blick aus dem Tal von Thame nach Osten. Ganz links der Gipfel der Ama Dablam, 6856 m, sie ist durch einen scharfen Grat mit dem Ombigaichen, 6340 m, verbunden. Zwischen beiden Gipfeln spitzt noch der Makalu, 8463 m, hervor. Rechts vom Ombigaichen erkennt man den Mingbo La, 5842 m.

Die Westseite des Imja Tse (Island Peak), 6189 m, von Dingboche aus fotografiert. Der Normalanstieg führt über die rechts im Profil sichtbare Felsrippe. Rechts im Hintergrund erkennt man die weiße Pyramide des Cho Polu, 6735 m.

Pokalde, 5806 m (B)
Kongmatse, 5820 m (B)

Khumbu

Ein Merkmal beider Gipfel ist, dass sie von den Schwierigkeiten her eher in die gemäßigte Kategorie der Trekking Peaks fallen. Eine weitere Gemeinsamkeit ist der Zugang über den Kongma La und die zentrale, sehr aussichtsreiche Lage südwestlich der Lhotse-Nuptse-Mauer. Doch dürfen wir auch hier den Begriff Trekking Peak nicht allzu wörtlich nehmen. Der Nordgrat zum Pokalde erfordert in seinem oberen Teil (also über 5500 m) recht ausgesetzte, mäßig schwierige Kletterei. Auch die Südflanke über den Kongma-Gletscher zum Gipfel des Kongmatse bedarf einiger Bergerfahrung, um in dem teilweise unübersichtlichen Gelände die beste Anstiegsmöglichkeit zu finden. Der Kongmatse ist auf einigen Landkarten auch als Mehra Peak eingetragen und sollte nicht mit dem viel höheren Mera Peak östlich des Hinku-Tales verwechselt werden.

Bei beiden Gipfeln ist es üblich, ein Hochlager einzurichten. Im Falle des Pokalde liegt dieses am günstigsten nordwestlich unter dem Kongma La. Für die Besteigung des Kongmatse richtet man das Lager besser im östlichen Hochtal unter dem Pass ein.

Der Zugang führt von Lukla über Namche und ab Dingboche entweder zur westlichen bzw. zur östlichen Zugangsseite des Kongma La. In beiden Fällen benötigt man etwa 5 bis 6 Tage.

Pokalde, Nordgrat: Sherpas mit Noyce, Bourdillon und Ward, 1953.

Kongmatse: Erstbegeher nicht bekannt.

Chhukung Ri, 5550 m (A)

Khumbu

Der Chhukung Ri liegt nördlich der Siedlung Chhukung unterhalb des Nuptse. Der Gipfel wurde früher häufig von konditionsstarken Berggängern als Tagestour von Chhukung aus über den gletscherfreien und relativ einfachen Südkamm bestiegen.

Die nun fällige Gipfelgebühr des im Vergleich zu anderen Trekking Peaks eher unattraktiven Chhukung Ri ist eher überzogen und wird diesen schönen Aussichtspunkt wohl entweder ins bergsteigerische Abseits rücken oder der eigentlich nicht zu unterstützenden »Berg-Piraterie« Vorschub leisten.

Nördlich des Chhukung Ri gibt es noch einen weiteren, mit 5833 m kotierten und in einigen Karten Chhukung genannten Gipfel mit ähnlicher Charakteristik.

Imja Tse (Island Peak), 6189 m (B)

Khumbu

Der Imja Tse ist wohl der am häufigsten bestiegene Sechstausender in Nepal. Dies sollte jedoch nicht dazu verleiten, die Anforderungen zu unterschätzen, denn es gibt in Nepal durchaus auch leichtere Ziele in dieser Höhenklasse.

Die große Beliebtheit ist vor allem auf seine attraktive Lage im Herzen des Khumbu und die unproblematische Erreichbarkeit sowie

die klingenden Namen der Erstbegeher zurückzuführen (unter anderen Tenzing Norgay und Charles Evans). Die erste Besteigung erfolgte nämlich 1953 als Trainingstour für die Expedition zum Mount Everest.
Auch heute ist dieser keinesfalls leichte Weg der Erstbesteiger über die Südostflanke und den oberen Südwestgrat die gebräuchlichste Route. Die Schlüsselpassage ist ein etwa 100 Meter hoher und bis zu 50° steiler Firn- bzw. Eishang, der zum Südgipfel führt, den Hauptgipfel erreicht man dann über einen ausgesetzten und mitunter verwechteten Firngrat.
Eine weitere, etwas schwierigere Möglichkeit bietet der Nordgrat. Dieser beginnt in dem von Osten her zugänglichen Sattel (hier auch Hochlager bei ca. 5700 m), der die Verbindung des Imja Tse mit der Südwand des etwa 2400 m höheren Lhotse darstellt.
Als Ausgangspunkt für beide Routen dient das Camp Pareshaya Gyab, 4970 m, am Südfuß des Berges. Der Trek ab Lukla über Namche, Dingboche und Chhukung zu diesem Lager erfordert etwa 6 Tage. Vor der Besteigung des Imja Tse sollte man sich jedoch besser auf einer Trekkingtour, etwa nach Gokyo oder zum Everest-Basislager, ausreichend akklimatisieren.
Südostflanke und Südwestgrat: Charles Evans, Alf Gregory, Charles Wylie und Tenzing Norgay sowie sieben namentlich nicht bekannte Sherpas, 1953. Nordgrat: Zwei namentlich nicht bekannte Sherpas mit Alf Gregory und Dick Cook. Westflanke: Dr. Peter Hacket.

Blick vom Trashi Labtsa zum markanten Kyashar, 6770 m (links). In Bildmitte der Kusum Kanguru, 6369 m, rechts die Gipfel des Kongde-Massivs. Die markante Spitze ist der Kongde Lho, 6178 m, dessen Normalanstieg über den Südgrat hier rechts im Profil zu erkennen ist.

Die Nordseite des Mera Peak, 6500 m. Der Normalweg führt von links über die Gletscherhänge.

Fotopause unter dem Gipfelkopf des Mera Central.

Ombigaichen, 6340 m (A)

Khumbu

Der Ombigaichen präsentiert sich als schöner Firngipfel in direkter Nachbarschaft der Ama Dablam. Die logischste Anstiegsmöglichkeit führt vom Mingbo La über den Südgrat. Die Route wurde 2002 durch ein britisches Team begangen und von diesem als anspruchsvolles und nicht ganz ungefährliches Unternehmen beschrieben. Im Wesentlichen folgt man dem steilen, teils überwechteten Firngrat, der von einigen kombinierten Passagen und unzuverlässigem Fels unterbrochen ist.

Bis zum Basislager unter dem Mingbo La benötigt man ab Lukla etwa 10 Trekkingtage. Der Anmarschweg führt dabei über das Basislager der Ama Dablam.

Südgrat: Charles Burr, Victor Saunders und Sonam Yeltsin, Dezember 2002 (gemehmigte Besteigung); vermutlich aber schon 1962 durch Jim Milledge und Gefährte bestiegen.

Kusum Kanguru, 6369 m (B)

Khumbu / Charpati Himalaya

Wer auf dem Weg nach Namche erstmals den majestätischen Gipfel des Kusum Kanguru erblickt, der vergisst schlagartig alle Assoziationen, die er vielleicht mit dem Begriff Trekking Peak verband. Kaum ein anderer Berg zeigt sich hier so unnahbar wie

Abendlicher Blick vom Hochlager am Mera Peak über das Hunku-Tal hinweg nach Osten. Links der Makalu, 8463 m, in der Bildmitte der Westgipfel des Chamlang, 7318 m.

dieser Koloss, den wir in der Nähe von Ghat in östlicher Richtung bewundern können. Der Kusum Kanguru gehört zu den schwierigsten aller Trekking Peaks. Alle Anstiege erfordern ausnahmslos überdurchschnittlichen Einsatz und sind von den Anforderungen her vielen berühmten Expeditionszielen gleichzusetzen. Der am häufigsten begangene Anstieg (und das ist nicht sehr häufig) führt aus dem Hinku-Tal über den zerklüfteten Lungsamba-Gletscher und den stark verwechteten oberen Nordostgrat. Er erfordert je nach Besteigungsstil etwa 2 bis 3 Biwaks bzw. Lager. Das Basislager liegt im Hinku-Tal unterhalb des Lungsamba-Gletschers. Hierher gelangt man von Lukla aus über den hohen Zatre-Teng-Pass in etwa 4 Tagen.

Die noch spektakuläreren Nordanstiege bleiben Spitzenalpinisten vorbehalten. Als Beispiel seien hier der in der Einführung bereits erwähnte Nordwestpfeiler oder die bis zu 80° steile Nordwand genannt, für deren Erstbesteigung 4 Hochlager erforderlich waren. Wer sich an dieser Seite des Berges versuchen will, erreicht das nordseitige Basislager im Tal des Kyashar Khola von Lukla aus über Monjo in etwa 3 Tagen.

Südostwand: Takheshi Kanazawa, Hideako Naoi, Hajime Vermatsu, Mansanori Miyano und Tomooh Toyoda, 1979. Nordwand des Hauptgipfels: Takao Kurosawa und Hirosho Aota, Frühjahr 1985. Nordwestpfeiler: Doug Scott, George Bettembourge und Mike Covington, Herbst 1979. Südwestflanke und Westwand: Bill Denz (Solobegehung), Herbst 1981. Nordostgrat zum Ostgipfel: Dr. David Hopkins, Guy Neithardt und Andrew Wielochowski, Herbst 1983.

Mera Peak, 6500 m (B)

Khumbu / Hinku Hunku

Obwohl der Mera Peak mit etwa 6500 m (unterschiedliche Kartenangaben) zu den höchsten Zielen in der Kategorie der Trekking Peaks zählt, ist die Besteigung über die Nordflanke für geübte Alpinisten mit vergleichsweise geringen technischen Schwierigkeiten verbunden.

Der meistens bestiegene Zentralgipfel ist überwiegend eine mäßig schwierige Gletschertour mit moderater Steilheit. Erst der Gipfelkopf zeigt auf etwa 40 Höhenmeter eine Aufsteilung bis etwa 45°. Der Übergang zum nur wenige Meter höheren Nordgipfel führt über einen luftigen, manchmal überwechteten Firngrat.

Für die Besteigung über die Nordflanke ist ein Hochlager üblich (bei einer markanten Felsinsel, ca. 5900 m). Dieses verkürzt nicht nur den Gipfelanstieg, sondern sorgt auch für einen stimmungsvollen Abend mit überwältigendem Ausblick auf Makalu, Chamlang und Kanchenjunga.

Blick vom Gipfel des Mera Peak nach Norden in die grandiose Bergwelt des Khumbu. Der große Talkessel in der linken Bildhälfte ist das Hinku-Tal, rechts erkennt man das obere Hunku-Tal. Dazwischen (unterhalb des Peak 41) befindet sich der vergletscherte Mera La, 5415 m, der diese beiden Hochtäler verbindet.

Neben dem Normalweg wurden am Mera Peak auch extreme Routen wie die objektiv gefährliche Westwand und der Südwestpfeiler begangen. Daneben bietet das riesige Massiv ringsum – vor allem aber an der Südseite – noch jede Menge unberührtes Steilgelände.

Das übliche Basislager für den Normalweg liegt etwas östlich unterhalb des Mera La, aber auch das Kare-Camp westlich des Passes ist – obwohl etwas niedriger gelegen – gut geeignet. Beide Lager sind von Lukla aus in etwa 4 bzw. 5 Tagen zu erreichen. Dies jedoch nur bei bereits vorausgegangener und ausreichender Akklimatisation, denn der Weg über den Zatre-Teng-Pass führt bereits am zweiten Tag sehr nahe an die 5000-Meter-Marke heran! Eine Tatsache, die leider viele Gruppen sträflich vernachlässigen und gerade am sehr begehrten Mera Peak schon manchem Bergsteiger zu einem tödlichen Verhängnis wurde.

Besonders empfehlenswert ist der Mera Peak in Verbindung mit der Drei-Pässe-Route durch das Hinku- und das einsame Hunku-Tal.

Nordflanke: Erstbegeher unbekannt.

Westwand: Kunihiko Kondo und Michiko Kiyoda, Frühjahr 1985.

Südwestpfeiler: Mal Duff und Ian Tattersal, Frühjahr 1986.

Nuptse, 7881 m
Mount Everest, 8850 m
Lhotse, 8516 m
Lhotse Shar, 8393 m
Peak 41, 6654 m
Baruntse, 7168 m
Chonku Chuli, 6809 m
Kangchungtse, 7678 m
Makalu, 8463 m
Chamlang, 7318 m

Blick vom Drohma-Sporngipfel auf die Südwand des Drohma, 6695 m, ganz rechts der Pathibhara (Pyramid Peak), 7123 m.

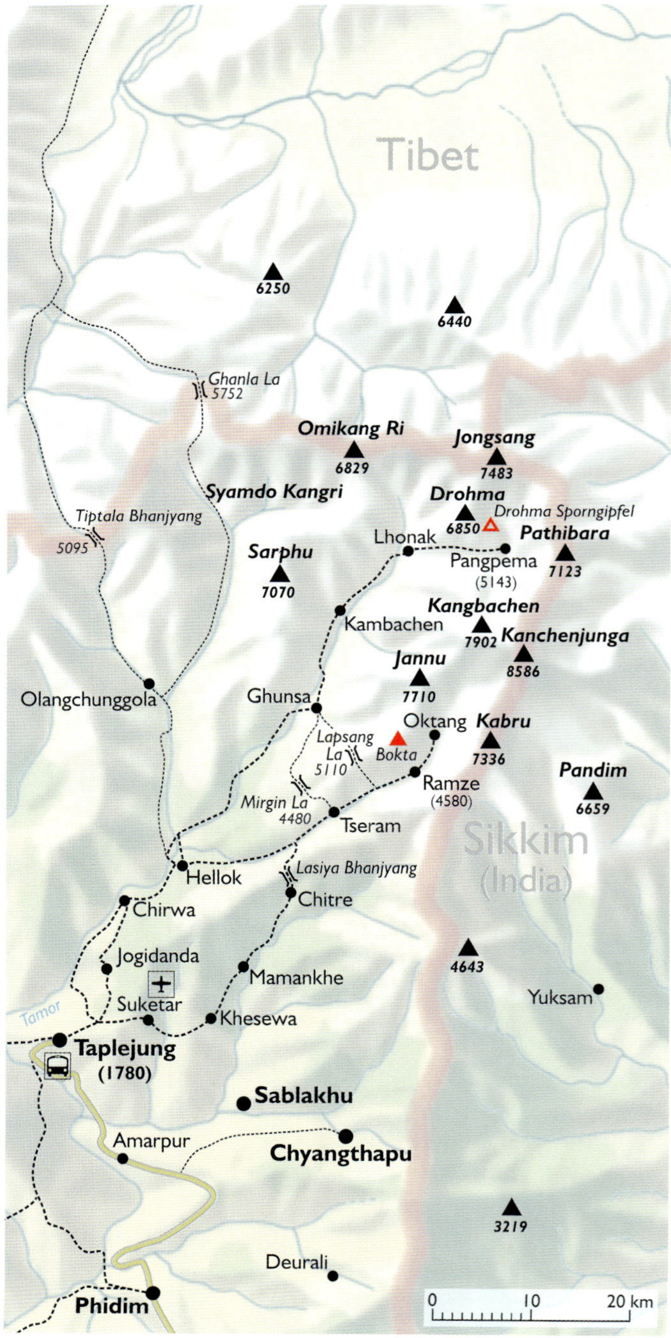

Kanchenjunga-Region

Bokta (Boktan), 6143 m (A)

Der Bokta ist der einzige Trekking Peak in der Kanchenjunga-Region und liegt nordöstlich des Lapsang La. Er fällt nach allen Seiten mit eindrucksvollen Flanken und Pfeilern ab, an denen sich kaum eine Schwachstelle zeigt. Unter diesem Gesichtspunkt ist er eine sehr große Herausforderung für gute Alpinisten.

Möglicherweise wurde der Berg zwar bereits 1991 ohne Genehmigung bestiegen, doch ist es sehr schwierig, weitere Einzelheiten in Erfahrung zu bringen. Im Jahr 2003 gab es einen Versuch an der Ostseite des Hauptgipfels, der aber etwa 100 m unter dem Gipfel abgebrochen wurde.

Drohma-Sporngipfel, ca. 6010 m

Bei diesem Ziel handelt es sich nicht um einen Trekking Peak, sondern um einen eher unscheinbaren und wenig schwierig zu besteigenden Gratgupf im Kamm des Drohma, 6850 m. Trittsichere und gut akklimatisierte Bergwanderer erreichen diesen grandiosen Aussichtspunkt zum Kanchenjunga in einer anstrengenden Tagestour von Pangpema aus. Der Anstieg führt dabei durch Schutt und Blöcke, über den oft bis zum Gipfel schneefreien Südostrücken.

Blick vom Drohma-Sporngipfel, ca. 6010 m, auf die spektakuläre Nordseite des Kanchenjunga.

Nachfolgende Doppelseite: Die Fünf- und Sechstausender des östlichen Jugal Himalaya sind überwiegend namenlos und nur selten das Ziel bergsteigerischer Aktivitäten. Einzig der Ganchenpo, 6387 m, der höchste Gipfel im Bild, bekommt gelegentlich Besuch.

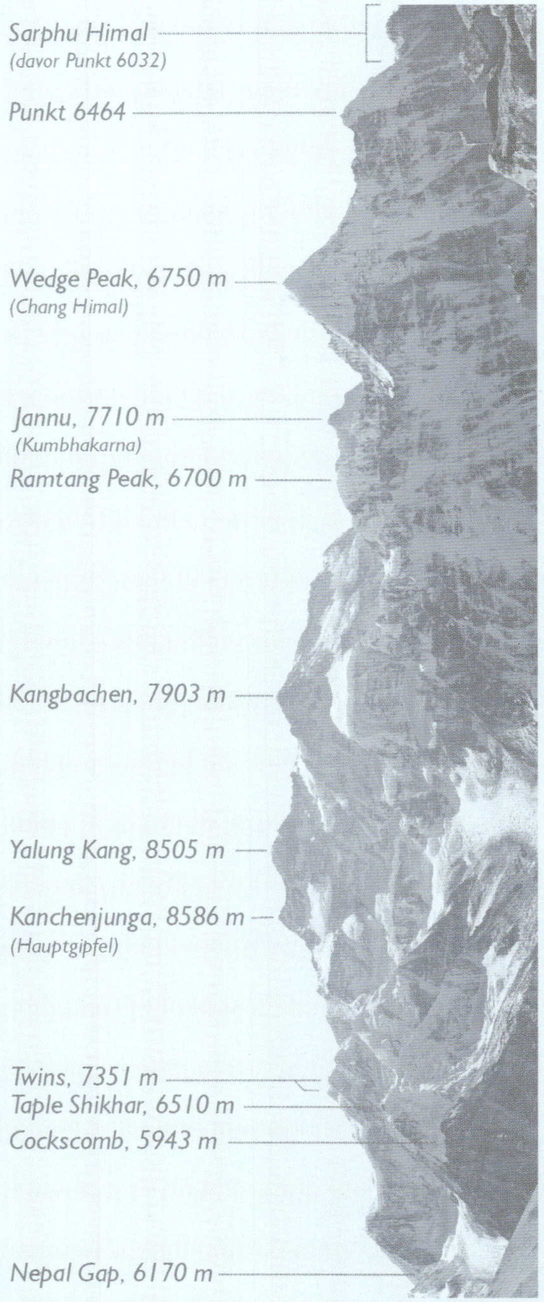

Die abendlich beleuchtete Südwand des Nilgiri, 7061 m, fotografiert vom Poon Hill (Annapurna-Gebiet).

Wolkenbilder über Baraha Shikhar (links), 7647 m, und Annapurna Dakshin (Annapurna South), 7219 m. Fotografiert vom Poon Hill (Annapurna-Gebiet).

Rot erleuchtete »Wattewolken« über dem Dhaulagiri, 8167 m, und dem Tukuche Peak, 6920 m. Fotografiert aus der Nähe von Muktinath.

Abendstimmung beim Aufstieg nach Korchon (Mardi Himal). Im Hintergrund namenlose Gipfel des Lamjung Himalaya.

Anhang

Deutschsprachige Literatur

Banzhaf, Bernhard Rudolf: Nepal – Schritt für Schritt, Bergverlag Rother, München 1988
Banzhaf, Bernhard Rudolf: Nepal, Bruckmann, München 2002
Banzhaf, Bernhard Rudolf: Nepal – Trekking in Nepal, TourenDisk (Multimedia-CD), Bergverlag Rother, München 2002
Berghold Franz / Schaffert Wolfgang: Höhenmedizin, BLV 1998
Fanshawe, Andy / Venables, Stephen: Himalaya – Magic Lines, Bergverlag Rother, München 1996
Govinda, Lama Anagarika: Der Weg der weissen Wolken, Scherz Verlag, Bern / München / Wien 1973
Gruber, Ulrich: Nepal, Prestel-Verlag, München 1991
Hillary, Sir Edmund / Doig, Desmond: Schneemenschen und Gipfelstürmer, Brockhaus, Wiesbaden 1963
Mylius, Klaus (Herausgeber): Die vier edlen Wahrheiten – Texte des ursprünglichen Buddhismus, Reclam, Leipzig, 1983
Nairz, Wolfgang: Nepal – Durchwandern und Erleben, Steiger, Innsbruck 1984
Norgay, Jamling Tenzing: Auf den Spuren meines Vaters, Diana Verlag München / Zürich 2001
Scott, Doug: Himalayan Climber, Rosenheimer 1992
Thapar, Valmik: Im Land des Tigers, VGS Verlagsgesellschaft 1998
Treibel, Walter: Erste Hilfe am Berg, Bergverlag Rother, München 2006
Winkler, Jürgen: Himalaya, Bruckmann, München 1989

Englischsprachige Literatur

O'Connor, Bill: The Trekking Peaks of Nepal, The Crowood Press Ltd., 1989
Mishra, Hemanta R. / Jefferies, Margaret: Royal Chitwan National Park, The Mountaineers, Seattle 1989
Razzetti, Steve / Saunders, Victor: Trekking and Climbing in Nepal, New Holland Publishers, London 2000
Shirahata, Shiro: Nepal Himalaya, Yama-Kei 1983

Wichtige Adressen

Nepal Mountaineering Association
P.O. Box: 1435, Nagpokhari, Naxal, Kathmandu, NEPAL
Tel: 00 977-1-4 434 525, 4 435 442
Fax: 00 977-1-4 434 578
E-mail: office@nma.com.np
Webseite: www.nma.com.np

Nepal Tourism Board (NTB)
P.O. Box 11018, Tourist Service Center, Bhrikuti Mandap, Kathmandu, NEPAL
Tel: 00 977-1-4 256 909
Fax: 00 977-1-4 256 910
E-mail: info@ntb.org.np
Webseite: www.welcomenepal.com

Trekking Agencie's Association (TAAN)
Maligaon, Kathmandu, NEPAL
Tel: 00 977-1-4 443 003/4 440 920
E-mail: taan@wlink.com.np oder info@timsnepal.com
Webseite: www.timsnepal.com

Karten

Gab es vor einigen Jahren – sieht man von den berühmten Schneider-Karten einmal ab – noch kaum brauchbares Kartenmaterial für Nepal, so sind mittlerweile zu fast allen Trekkinggebieten oft mehrere Kartenblätter von unterschiedlichen Verlagen erhältlich. Die entsprechenden Shops in Kathmandu sind diesbezüglich sehr gut sortiert und bieten meist das komplette Sortiment aller (auch in Europa nicht erhältlichen) Karten an.
Folgende Karten sind empfehlenswert und im Buchhandel erhältlich:

Gecko Maps, Arne Rohweder GmbH, Schweiz, www.geckomaps.com (die beste Übersichtskarte zu Nepal im Maßstab 1:1.000.000, sehr schöne Karten zu verschiedenen Teilgebieten)

Arbeitsgemeinschaft für vergleichende Hochgebirgsforschung e.V. www.hochgebirgsforschung.de (die sogenannten Schneider-Karten, topografisch sehr genau, aber ohne touristische Infrastruktur und leider nicht immer auf dem neuesten Stand)

Himalayan MapHouse www.himalayan-maphouse.com (ansprechende Kartenzeichnung und eingezeichnete Infrastruktur für Trekkingtouristen, Spezialkarten zu verschiedenen Trekking Peaks)

Nepa Maps (sehr umfangreiches Sortiment, durchaus brauchbar, aber je nach Gebiet von unterschiedlicher Qualität; für einzelne Gebiete gibt es überhaupt nur Karten von Nepa Maps)

Register

Bildverweise in Klammern

Impressum

Sämtliche Fotografien und Texte stammen von Edwin Schmitt.

Titelbild
Blick vom Poon Hill zum Dhaulagiri.

Bild im Anhang (Seite 260)
Die »Abendzigarette« eines Bergbauern in Sedua (Ostnepal).

Bild im Register (Seite 263)
Halo mit Gebetsfahnen.

Bilder im Vorsatz
Vorne: Bodhnath-Stupa.
Hinten: Sonnenaufgang und Monduntergang an einem namenlosen 5000er im Marsyangdi-Tal.

Bild links
Gebetsfahnen bei Muktinath.

Kartenskizzen, Diagramme und Übersichtskarte: Edwin Schmitt, © Bergverlag Rother
Die Grundlage der Karten (Schummerung und Geländestruktur) stammt von Arne Rohweder, © Gecko Maps, Schweiz.

Lektorat: Christa Bannert und Barbara Wickenburg

Layout und Gestaltung: Edwin Schmitt

Reproduktionen: Artilitho snc, Lavis - Trento, Italien

Druck und Bindung: Printer Trento, Trento, Italien

3. Auflage 2011 (Nachdruck 2012)

ISBN 978-3-7633-7031-3